Manual de debate

MANUALES | Berenice

Manuel Bermúdez & Jorge Lucena

Manual de debate

Guía práctica para desarrollar tus habilidades en el debate académico y la oratoria

Berenice

www.editorialberenice.com

Primera edición: marzo de 2019
Colección MANUALES

Director editorial: Javier Ortega
Editora: Ana Cabello
Corrección: Rebeca Rueda

Impresión y encuadernación:
Gráficas La Paz

ISBN: 978-84-17558-97-0
Depósito legal: CO-283-2019

Impreso en España / *Printed in Spain*

A mi familia, mis dos Elenas, a quienes he tenido que hurtar tantas horas para sacar a la luz este volumen.
MB

A la enorme comunidad de debate de España que ha conseguido con su esfuerzo crear el mejor circuito de debate en el mundo hispanoamericano. Este libro trata de devolver a esta comunidad lo que tanto nos ha dado.
JL

ÍNDICE

Prólogo

UN LIBRO IMPRESCINDIBLE PARA IMPULSAR Y ASENTAR LOS DEBATES

Por

MANUEL CAMPO VIDAL

Los debates universitarios llegaron tarde a España, como tantos otros asuntos, a pesar de que en las escuelas norteamericanas y en las de otros países existía ya una larga tradición. No se celebra la primera Liga Nacional de Debates en España hasta el año 2000.

De hecho, también en el ámbito de las elecciones a presidente del Gobierno —aunque formalmente sean elecciones a diputados porque es el Congreso quien elige al presidente—, no llegaron hasta 1993, cuando los primeros debates televisados datan de 1960, los legendarios Kennedy-Nixon. Es verdad que en 1960 fue tal el impacto que produjeron en el electorado norteamericano aquellos cuatro debates entre los dos aspirantes a la Casa Blanca, que se interrumpieron dieciséis años. La razón fue el desconcierto que aquellos debates generaron. Quienes lo siguieron por televisión manifestaron en encuestas posteriores que Kennedy había ganado el debate. Quienes solo lo escucharon por la radio estaban mayoritariamente de acuerdo en que Nixon había ganado el debate. ¿Qué había sucedido? Estábamos ante el descubrimiento de la trascendencia de la comunicación no verbal. Aquello generó una doble reacción: suspensión de los debates durante dieciséis años hasta que los recuperaron Jimmy Carter y Gerald Ford en 1976; y, por otra parte, el desarrollo de investigaciones en las universidades en torno a la comunicación no verbal. De esos años datan los estudios de Flora Lewis y otros trabajos interesantes como *El lenguaje silencioso*, etc.

La razón por la que en España no comienzan los debates hasta 1993 está en relación directa, lógicamente, con el retraso de la restauración de la democracia en 1977; pero también por el miedo que la clase política tenía hacia la televisión. Tanta manipulación durante la dictadura de Franco había generado un temor, en este caso bastante fundado, hacia el medio televisivo. Así que hasta 1993, que es cuando Felipe González está apurado en las encuestas y admite por fin un debate con el candidato popular José María Aznar, los debates no son una realidad.

Cabe decir, sin embargo, que también en España el impacto de aquel debate está en la base de la suspensión durante quince años en nuestro país de los debates entre candidatos a la presidencia del Gobierno. No logran restablecerse hasta el año 2008, cuando el presidente Zapatero acepta debatir con Mariano Rajoy, el político que hasta la fecha ha participado en más debates de este género en nuestro país.

Es probable que la repercusión en la ciudadanía de los dos debates de 1993 entre Felipe González y José María Aznar —el primero en Antena 3 y una semana después en Telecinco—, animara a que algunos profesores universitarios impulsaran en España la creación de la Liga Nacional de Debates.

De ese grupo de jóvenes universitarios que en años sucesivos participaron en esa confrontación dialéctica tan beneficiosa para todos, surge un joven estudiante de Derecho en ESADE llamado Albert Rivera. Sus recursos parlamentarios tienen con mucha probabilidad origen en aquellos entrenamientos con su equipo, en el que participaba también otro estudiante, Gerard Guiu.

Casi veinte años después de aquel acontecimiento, el inicio de la Liga Nacional de Debates, aparece ahora el libro de Manuel Bermúdez, de la Universidad de Córdoba, y Jorge Lucena que me ha resultado enormemente interesante porque ilustra sobre las distintas modalidades de debate que es posible poner en marcha.

Estoy absolutamente convencido de que este ejercicio es sumamente intenso y fructífero para quienes lo practican y que viene a llenar un enorme vacío en la Universidad española; puede decirse que, en general, en todo el sistema educativo sobre la formación de los alumnos en materia de comunicación.

Recomiendan los autores directamente qué tipo hay que elegir según la condición, yo diría de principiantes, de los jóvenes que participan en estas contiendas electorales que hay en la Universidad española.

Esas asignaturas pendientes de comunicación que arrastran durante años, y algunos no aprueban nunca, los profesionales españoles de cualquier área de conocimiento, es posible superarlas con la participación en este tipo de contiendas dialécticas, que no se limitan al momento de la celebración de los debates, sino que se adquieren en un entrenamiento y con una práctica. A buen seguro es un capital político profesional de enorme interés en habilidades de comunicación para los universitarios y de extraordinario valor después en el ejercicio de su trabajo profesional.

Hacía falta un libro que contara la historia de los debates desde Grecia y Roma hasta nuestros días, que clasificara los distintos tipos de contienda, que hiciera una descripción y recomendaciones interesantes a quienes quieren impulsarlo en sus respectivas universidades. Y ese libro ha llegado de la mano del trabajo interesantísimo de Manuel Bermúdez y Jorge Lucena.

Estoy convencido de que con esta obra e incluso con la intensidad de los debates que se esperan en España asociados al denso calendario electoral del año 2019, podrá darse un impulso definitivo y asentar esa tradición en el escenario universitario español.

CAPÍTULO 1
¿QUÉ ES UN DEBATE?

«Los límites de mi lenguaje son los límites de mi mundo».
Ludwig Wittgenstein

El debate es una confrontación dialéctica, regida por una serie de normas, cuyo resultado es determinado por un jurado. En este enfrentamiento, una de las partes defiende la postura a favor y otra la postura en contra. La postura queda determinada por sorteo justo antes de empezar el debate. El sorteo de las posturas suele ser realizado por uno de los integrantes del jurado o del *staff* del torneo y recogido por los capitanes de los equipos. Los equipos que afrontan un torneo de debate deben llevar preparados argumentos tanto a favor como en contra de la pregunta que se debate. La pregunta que se debate es conocida por los equipos con antelación, en plazos que varían según el modelo en que se debata: dos o tres semanas, en el caso de debates académicos, o quince minutos antes de su comienzo, en el caso de los debates según el modelo British Parliament.

Desde un punto de vista educativo, el debate es una actividad que nos guía por un proceso de aprendizaje que nos debe conducir desde la ignorancia a la comprensión. Por tanto, los resultados de un debate, más allá de vencedores y perdedores, tienen que pensarse en función del aumento del saber, del incremento de la cultura y de la ya citada comprensión del tema que se debate. De la confrontación de los argumentos defendidos por ambos equipos, se debe dar luz a un análisis crítico de los mismos que permita contribuir a la construcción del conocimiento humano. Este desarrollo cultural y del pensamiento crítico, que deben articular los participantes, es el que convierte el debate en una actividad educativa sin parangón.

Los equipos que quieran afrontar con buenas probabilidades de éxito un torneo de debate deben desarrollar una serie de habilidades:

- En primer lugar, se debe ser capaz de realizar una buena investigación del tema de debate. Para esto es fundamental repartir el trabajo entre el equipo de debate. Saber buscar la información relevante y desdeñar la superficial. Es esencial saber qué información de la encontrada puede servir para construir un argumento. Por último, debemos estructurar adecuadamente esta información para que nuestra línea argumental guarde la coherencia necesaria.
- En segundo lugar, hay que desarrollar la escucha activa y el pensamiento crítico, no solo para entender los argumentos de la otra parte, sino también para separar lo importante de lo superficial. Todo debate requiere hablar, pero también escuchar. La habilidad de escuchar a nuestros rivales en un debate, así como escuchar a los compañeros de nuestro propio equipo, es fundamental para reforzar nuestro discurso, mejorar nuestra propia capacidad de argumentación y elaborar las respuestas que se nos requieran durante el debate.

  Un buen debate es como un diálogo y escuchar lo que nuestro interlocutor tiene que decir es tan importante como lo que nosotros tenemos que defender.

  Escuchar es más que oír. Oír significa percibir un sonido, sin embargo, escuchar implica prestar atención a lo que se oye, poner en marcha todo el proceso intelectual que implica comprender lo oído. Así, el concepto de «escuchar» abarca el concepto de «oír».

  La escucha activa requiere mucho esfuerzo. Hay que esforzarse por prestar atención a lo que se dice y tratar de comprenderlo e interpretarlo. En el mundo de hoy en día no estamos acostumbrados a practicar la escucha activa. Solemos estar tan rodeados de estímulos que resulta casi imposible detenerse y aprender a prestar atención, que es otro elemento fundamental de la escucha.

En el caso de un debate, hay que agregar que en muchas ocasiones el mensaje que se emite está sobrecargado porque todos los oradores tratan de introducir gran cantidad de información en sus intervenciones. Esta situación dificulta la escucha. Para mejorar este contexto, recomendamos la toma de notas durante las exposiciones para ayudarnos a seguir el hilo discursivo del debate y, al mismo tiempo, mantener la atención. Los ejemplos que se empleen, los datos o estadísticas, así como las analogías o las citas de autoridad teórica merecen una atención especial y pueden ayudarnos a organizar el debate. Es importante dominar y comprender las ideas centrales del discurso rival (obviamente damos por supuesto que el discurso propio ya está más que controlado, interiorizado y organizado).

Para participar en un debate quizá hay que aprender antes a escuchar que a hablar. La comprensión de la postura rival, su esquema argumentativo y su razonamiento es fundamental. Para lograr este objetivo hay que esforzarse. Esforzarse en prestar atención y escuchar, para ello podemos tomar notas de lo que va diciendo el rival y tratando de comprender e interiorizar su hilo discursivo. Una vez hayamos logrado dominar la escucha activa podremos participar en un debate con mayores garantías de aumentar nuestro saber y nuestro conocimiento sobre el tema.

- En tercer lugar, hay que ser educado y cortés, porque el debate no deja de ser una actividad educativa, además de porque el fin último del debate es convencer al jurado sobre la veracidad de nuestros argumentos y de la no veracidad o falta de sustento de los argumentos contrarios; para conseguir esta persuasión suele ser importante que el jurado empatice con nosotros y esto suele ser difícil cuando no se mantiene una elemental cortesía, hasta el punto de que alguno de los mejores equipos del mundo ha perdido importantes torneos por esta cuestión.

- En cuarto lugar, hay que desarrollar la resiliencia o capacidad de afrontar situaciones de estrés o de cierto sufrimiento. El debate es una actividad profundamente subjetiva, de modo que ante una misma línea argumental hay jueces que otorgarán la victoria a un equipo y habrá quienes se la concederán al contrario. Ello, unido al gran trabajo que conlleva preparar un torneo, puede provocar, en muchas ocasiones, en los equipos la sensación de sufrir una injusticia. Sin embargo, es importante recordar que el debate es una actividad necesariamente subjetiva y que la gestión de estos sentimientos supone un gran aprendizaje emocional que ayudará a los debatientes a enfrentarse a diversas situaciones en su vida.

En definitiva, el ejercicio del debate y el desarrollo de las habilidades necesarias para ello tiene amplias repercusiones positivas en los que lo practican:

- El debate tiende a mejorar el expediente académico de los estudiantes debido a que es una actividad que involucra de forma proactiva a estos. No solo tienen que investigar y estudiar los temas a debatir, sino que también deben decidir cómo investigan, cuánto investigan.
- El debate también contribuye a mejorar los expedientes profesionales de los participantes. Téngase en cuenta que las habilidades comunicativas son una de las competencias más valoradas en el ámbito profesional, habilidades que han tendido a ser tradicionalmente olvidadas en el ámbito educativo, lo que precisamente las convierte en un importante elemento diferenciador para los empleadores.
- El debate sirve para evaluar argumentos en los que luego se fundamente la formación de una opinión. Como ya hemos explica-

do, en el debate concurren dos posturas enfrentadas dialécticamente, pero se necesita de una instancia que permita dirimir qué ocurre entre esas partes enfrentadas. Esta instancia son los jueces de debate, que existen en prácticamente todos los formatos de debate. Es gracias a la combinación de las líneas argumentales de los equipos que debaten y la valoración que de ellas hacen los jueces de debate, que se crea, profundice y riegue el conocimiento que las personas tenemos del mundo que nos rodea.

- Pero, sobre todo, el debate genera ciudadanos más tolerantes y contribuye a la mejora de la calidad democrática de las sociedades. Ya Aristóteles planteaba que el funcionamiento de toda sociedad parte de la necesidad de afrontar las disensiones que la atraviesan. Y en un mundo multicultural como el nuestro, afrontar las disensiones significa ponernos en la piel del otro, no ser indiferentes con las calamidades del mundo, no ser, como decía Terry Eagleton, malvados, pues él define la maldad como la ausencia total de empatía. Afrontar las disensiones que nos atraviesan significa en la actualidad ser tolerantes con el otro, ser capaces de escuchar lo que nos tienen que decir y ser nosotros también escuchados. Empatía, tolerancia y diálogo son los pilares de la democracia y son los valores que desarrollamos a través del debate. Para entender cómo se desarrolla este proceso, téngase en cuenta que el debatiente tiene que defender posturas con las que en principio puede no estar de acuerdo, ya que en todos los formatos de debate las posturas a favor y en contra se sortean, y que para poder desarrollar una defensa con éxito deberá asumir en buena medida estas posiciones. Como consecuencia de este ejercicio, con frecuencia encontrarán argumentos lógicos y convincentes en posturas con las que no se coincide, los debatientes llegarán a entender mejor a aquellas personas que no piensan como ellos, con aquellos que no comparten ideología, fomentando así la tolerancia, el diálogo y la empatía, pilares fundamentales de las sociedades democráticas.

🕮 ¿SABÍAS QUÉ?

La dialéctica fue definida por los griegos como el arte de la discusión, el diálogo, la disputa, la controversia, el razonamiento y la argumentación. Aunque parece imposible que un mismo término pueda aglutinar tantos significados distintos hay un elemento que está presente en todas las ideas que hay detrás de la palabra *dialéctica*, y este sería la identificación con un método para llegar a la verdad de forma razonada. Según Aristóteles, el inventor de la dialéctica fue Zenón de Elea (filósofo griego del siglo V a. C.).

CAPÍTULO 2
HISTORIA Y MODELOS DE DEBATE

«El impulso de lo útil y el envilecimiento de las actividades del espíritu podría tener como efecto que los hombres se deslicen hacia la barbarie».

Nuccio Ordine

El debate, aunque tiene antecedentes remotos en sociedades tan antiguas como la dinastía Zhou en China (1122-255 a. C.) o la civilización persa, debe su concepción competitiva actual a la Grecia y la Roma clásicas, donde por primera vez se crean escuelas y métodos para poder enfrentarse a diferentes contendientes, tanto en juicios públicos como en competiciones privadas. Córax, Sócrates, Platón, Protágoras y, por supuesto, Aristóteles, padre de la lógica, fueron los representantes más ilustres del desarrollo de la oratoria y del debate en Grecia. En Roma, la oratoria vive una segunda etapa de esplendor durante la época republicana (509 a. C-29 a. C.), con autores tan destacados como Cicerón o Quintiliano en la época imperial. Tanto en Grecia como en Roma, el debate competitivo tuvo lugar dentro de las instituciones que enseñaban oratoria, aunque será mucho más tarde cuando se reglamente y se estructure.

Pero, centrándonos en el periodo contemporáneo, el debate competitivo actual aparece íntimamente ligado al mundo anglosajón, en cuyas universidades se han creado la mayoría de modelos de debate que tenemos hoy en día, expandiéndose luego a otros entornos. Fueron dos de las más prestigiosas instituciones las que iniciaron este camino, la Oxford Union y la Cambridge Union, entre 1855 y 1863. Son ellas las que primero ponen en marcha sociedades o aulas de debate, que llevan a sus estudiantes a participar en competiciones dialécticas delante de un gran auditorio. Pasado el tiempo, el debate universitario alcanzó tal prestigio que personalidades como Ronald Reagan, el Dalai Lama o Yasser Arafat llegaron a participar en estas actividades.

En lo que se refiere a EE. UU., el debate se incorpora dentro del sistema educativo desde principios del siglo XX, con la National Debate Tournament como referente más prestigioso del país. Actualmente, uno de los programas de debate que tiene mayor número de participantes es el programa estadounidense de debate de la educación media, donde compiten dos millones de estudiantes todos los años.

En la Europa continental, por otra parte, el desarrollo del debate será posterior, alcanzando a los países del este tras la caída del muro de Berlín. También en España llegará muy tarde, a finales del siglo XX y principios del siglo XXI, cuando surgen las primeras sociedades de debate de España, las de la Universidad Francisco de Vitoria, la Universidad Complutense de Madrid y la Universidad Pontificia de Comillas. La primera competición importante que hubo en nuestro país fue la Liga Nacional de Debate en el año 2000.

Actualmente, los torneos más prestigiosos son los dos mundiales de debate, el World Universities Debating Championship (WUDC), en habla inglesa, y el Campeonato Mundial Universitario de Debate en Español (CMUDE), en habla hispana, cuya edición de 2013, por cierto, se celebró en la Universidad Complutense y la de 2016 en la Universidad de Córdoba.

El hecho de que el debate de competición ligado a instituciones educativas tenga tantos años de historia y presencia en tantos países del mundo ha traído como consecuencia que existan numerosos modelos de debate o variaciones de esta actividad. Y es que un debate es una herramienta muy flexible que se puede enfocar para desarrollar multitud de competencias y habilidades. Las adaptaciones del debate pueden ser muy variopintas y se pueden diseñar prácticamente como se desee. Una vez determinados los objetivos que se pretenden conseguir, solo queda utilizar el modelo de debate oportuno para lograrlos. En los modelos que vamos a analizar brevemente aquí siempre se enfrentan dos partes, una que está a favor (A/F) y otra en contra (E/C). El número de equipos puede ser de dos o cuatro. Para comprender los modelos de debate aquí recogidos es necesario esclarecer el origen del debate de competición y los problemas que fueron surgiendo en los diferentes estilos. También veremos cuál debe ser la secuenciación lógica de estos modelos de debate.

A lo largo de la historia del debate competitivo se han ido desarrollando diversos modelos, en función del territorio o de la edad de los participantes, si bien solo nos centraremos aquí en los que han tenido un mayor impacto.

📖 ¿SABÍAS QUÉ?

Probablemente, el libro más antiguo que conservamos es la famosa epopeya de Gilgamesh. El relato más antiguo del mundo, un milenio más antiguo que la *Ilíada* o la Biblia, se escribió en Mesopotamia, esa franja de tierra que hay entre el río Tigris y el Éufrates donde tiene su origen la civilización occidental, y fue escrito alrededor del año 2100 a. C. Pues bien, en este libro ya aparece, por primera vez, un debate entre el protagonista, Gilgamesh y los ancianos de Uruk (la ciudad que él gobernaba). En este debate se discute qué es mejor, si la valentía o la prudencia. La valentía era defendida por Gilgamesh y la prudencia por el coro de ancianos.

MODELO KARL POPPER

El formato de debate Karl Popper presenta una serie de características que lo diferencian del resto:

- Solo hay tres oradores en cada equipo.
- Los turnos de intervención son de seis minutos.
- La pregunta de debate se puede conocer con mucho tiempo de antelación, meses.
- Hay una parte especial del debate, el interrogatorio, donde varios de los oradores realizan un diálogo interrogativo con los miembros del otro equipo.
- Dependiendo de dónde se realice, EE. UU., Latinoamérica o España, existe la posibilidad de pedir «tiempo muerto».

Intervención	Tiempo
1) Equipo A/F, orador 1	Seis minutos
2) Equipo E/C, orador 1	Seis minutos
3) Equipo A/F, orador 2	Seis minutos
4) Equipo E/C, orador 2	Seis minutos
5) Equipo E/C, orador 3	Seis minutos
6) Equipo A/F, orador 3	Seis minutos

De los modelos aquí descritos, es uno de los menos practicados en España. Por la gran cantidad de tiempo con que se puede conocer la pregunta y por el hecho de poder introducir «tiempos muertos» a petición de un orador o del formador del equipo, es un modelo que se ha utilizado para trabajar en las etapas educativas medias, con debatientes que nunca han debatido y que son aún muy jóvenes.

MODELO BRITISH PARLIAMENT (BP)

El modelo BP de debate es el modelo más extendido en el ámbito internacional, el que se usa en los mundiales de debate, en los europeos y en un buen número de torneos nacionales. En nuestro país empieza a implantarse hace apenas unos años (en 2013) y solo después de que equipos españoles empezaran a competir en los diferentes CMUDE (Campeonato Mundial Universitario de Debate en Español). Es quizás el modelo más complejo de los aquí descritos debido a sus características especiales:

- La pregunta de debate se anuncia quince minutos antes del comienzo.
- La pregunta de debate cambia de una ronda para otra.
- Está totalmente prohibido consultar cualquier soporte informático, por lo tanto, los debatientes deben tener un buen nivel cultural y ser capaces de crear líneas argumentales con mucha rapidez.
- Además, en el formato British Parliament se recrea un debate parlamentario, con un debate en la Cámara Alta y otro en la Cámara Baja, en cada una de las cuales hay un equipo defendiendo el a favor y otro el en contra de la moción, de modo que en total concurren cuatro equipos y dos bancadas (a los dos equipos que defienden la misma postura se les llama bancada).

La dificultad radica en que entre equipos de la misma bancada no se puede producir confrontación, pero al mismo tiempo tienen que competir también entre ellos. Al concurrir cuatro equipos, al haber tan poco tiempo de preparación, al tener que competir con equipos a los que no puedes atacar directamente, entre otros motivos, convierten al BP en el modelo más complejo de los que en España podemos encontrar, aunque también posiblemente el más apasionante, dado que obliga a los debatientes a un uso intensivo de la lógica para el desarrollo de los argumentos. Además, cada orador tiene un rol distinto que implica unas características diferentes que conviene respetar.

MODELO ACADÉMICO

Ha sido históricamente el modelo nacional de debate y sigue siendo el mayoritario en nuestro país. Se trata de una modalidad única del sistema educativo español, que no existe, prácticamente, en ninguna otra parte del mundo. Sus principales características son:

- Concurren a debate dos equipos.
- La pregunta de debate es conocida con al menos tres semanas de antelación y, en general, solo hay una pregunta durante todo el torneo.
- Es un modelo que se basa en la investigación y en la evidencia para desarrollar los argumentos.
- Se da bastante importancia a la forma, es decir, se valora no solo el contenido, sino también el cómo se expresa ese contenido, algo que en los otros modelos es mucho menos importante, motivo por el que quizás sea el más cortés de los descritos hasta ahora.
- Establece un modelo argumental concreto para desarrollar los argumentos, el sistema Afirmación, Razonamiento, Evidencia (ARE).

MODELO FORO PÚBLICO

En este formato se enfrentan dos equipos de dos personas cada uno. Utilizando la terminología del formato parlamentario, podemos decir que ambos equipos tienen la carga de la prueba o necesidad de probar su postura, de modo que tanto el equipo a favor como el equipo en contra tienen que hacer hincapié en su argumentación para sostener su posición.

El esquema del modelo foro público tiene once intervenciones: ocho discursos, dos fuegos cruzados y un gran fuego cruzado según el siguiente esquema:

Intervención	Tiempo
1) Equipo A, orador 1	4 minutos
2) Equipo B, orador 1	4 minutos
3) Fuego cruzado entre el orador A1 y B1	3 minutos
4) Equipo A, orador 2	4 minutos
5) Equipo B, orador 2	4 minutos
6) Fuego cruzado entre el orador A2 y B2	3 minutos
7) Resumen del equipo A	2 minutos
8) Resumen del equipo B	2 minutos
9) Gran fuego cruzado entre todos los oradores	3 minutos
10) Discurso final equipo A	1 minuto
11) Discurso final equipo B	1 minuto

En este formato tanto el equipo a favor como el equipo en contra pueden comenzar el debate. Se suele sortear el primer turno y la posición. El que elige la postura (A/F o E/C) no elige el orden y viceversa. Lo común es que los equipos dispongan de un par de minutos para organizar los fuegos cruzados.

Lo habitual en este modelo es que los argumentos principales sean presentados en las dos primeras intervenciones de los equipos enfrentados. Los fuegos cruzados son turnos de preguntas y respuestas entre miembros de los dos equipos, un orador de cada equipo en las intervenciones tres y seis, y los cuatro oradores en el turno nueve. La primera pregunta la lanza alguno de los oradores del equipo A, a partir de ahí, alguno de los oradores del equipo B responde y, a su vez, hace otra pregunta para que sea respondida por el equipo A y así sucesivamente.

MODELO ESCUELA MEDIA

Probablemente, el origen de este modelo se halla en el desarrollo del debate en las escuelas medias de EE. UU. En este formato se enfrentan dos equipos de tres personas cada uno. En este caso, el equipo a favor tiene el peso de la prueba o la responsabilidad de presentar argumentos para defender el tema de debate. El equipo en contra tiene que demostrar que los argumentos del equipo rival no son suficientes para sostener la moción.

En este modelo hay seis turnos de intervención siguiendo el siguiente esquema:

	Intervención	Tiempo
1.	Equipo A/F, orador 1	5 minutos
2.	Equipo E/C, orador 1	5 minutos
3.	Equipo A/F, orador 2	5 minutos
4.	Equipo E/C, orador 2	5 minutos
5.	Equipo E/C, orador 3	3 minutos
6.	Equipo A/F, orador 3	3 minutos

Las diferentes secciones tienen objetivos similares al formato parlamentario, así como el uso de puntos de información, por lo que sugerimos visitar el apartado dedicado al mismo.

MODELO LINCOLN-DOUGLAS

Este formato tiene su origen en la serie de debates mantenidos por Abraham Lincoln y Stephen A. Douglas durante el año 1858 en los que discutieron sobre temas como la esclavitud, la moral y los valores. De ahí que este modelo sea el más adecuado para debatir sobre cuestiones morales, éticas o de valores, por lo que no se suelen emplear argumentos que se apoyen en estadísticas o estudios empíricos. En su lugar, se emplean argumentos sobre principios morales de la mano de la lógica con la que los utiliza el orador. En este formato solo debaten dos personas.

En las presentaciones de los casos conviene incluir una introducción que capture la atención del auditorio. Hay que presentar los argumentos aportando razones y ejemplos. También se permiten preguntas entre los debatientes. En los interrogatorios el orador en uso del turno hace las preguntas y solo las preguntas, no puede dar un discurso. La respuesta no puede darse con un sí o con un no.

	Intervención	Tiempo
1)	Orador A/F. Desarrollo	6 minutos
2)	Interrogatorio al orador A/F por parte del orador E/C	3 minutos
3)	Orador E/C. Desarrollo y refutación	7 minutos
4)	Interrogatorio al orador E/C por parte del orador A/F	3 minutos
5)	Orador A/F. Refutación	4 minutos
6)	Orador E/C. Refutación y conclusión	6 minutos
7)	Orador A/F. Conclusión	3 minutos

* * *

Llegados a este punto, es normal que nos preguntemos cuál es el mejor modelo de debate. En base a la experiencia del que esto escribe, no hay un modelo mejor que otro, sino que todos se complementan entre sí. Por ejemplo, el modelo Karl Popper sirve para trabajar con principiantes, todavía inseguros y con poco desarrollo aún de sus capacidades como debatientes, pues el formador puede parar el debate en cualquier momento, algo similar a lo que hace un entrenador de baloncesto cuando pide un tiempo muerto. El modelo de escuelas medias también está orientado a satisfacer las necesidades de los debatientes más jóvenes y que están comenzando su andadura en estas actividades.

El modelo académico es un modelo que contribuye a la formación de los estudiantes en la temática debatida, cosa que no ocurre en BP. Una de las mejores formas de adquirir un buen bagaje cultural es el haber participado en un gran número de torneos con este modelo. El formato Lincoln-Douglas también permite la construcción de una línea discursiva profunda y bien asentada en argumentos y conocimientos culturales. Además de permitir un cara a cara entre dos oradores poco frecuente en el ámbito del debate.

El modelo BP es complejo y necesita de grandes niveles culturales previos, razón por la cual los debatientes que han practicado largo tiempo el modelo académico suelen tener buenos resultados en él. Sin embargo, en el modelo académico muchas veces nos encontramos con pocos razonamientos y muchas evidencias, algo imposible en BP, donde solo los debatientes que sean capaces de desarrollar la lógica argumental pueden llegar a triunfar.

En definitiva, el formato Karl Popper y el formato de escuela media permiten trabajar con estudiantes muy jóvenes, el formato académico posibilita a los estudiantes desarrollar conocimientos profundos del tema debatido y el modelo BP fomenta en los estudiantes el pensamiento lógico. Por todo esto, creemos que la mejor manera de ver los diferentes modelos de debate existentes es de una forma holística y complementaria, cada uno se centra en mayor medida en desarrollar unas determinadas habilidades y lo idóneo sería practicar todos los formatos que se pueda.

🕮 ¿SABÍAS QUÉ?

El discurso más largo de toda la historia lo dio un senador republicano estadounidense llamado Ted Cruz, quien estuvo hablando durante más de veintiuna horas con objeto de retrasar la votación en la cámara de la que era miembro. Se estaba discutiendo sobre la reforma sanitaria del presidente Barack Obama y el senador Ted Cruz practicó esta forma de filibusterismo, que consiste en emplear cualquier procedimiento a su alcance para retrasar cualquier posibilidad de votación o acuerdo. Ted Cruz tuvo que estar esas veintiuna horas sin sentarse, de pie todo el rato y sin ir al baño. Es todo un alarde de resistencia. Fue en septiembre de 2013. Antes del ejemplo de resistencia oratoria de Ted Cruz, el récord lo ostentaba Fidel Castro, histórico líder cubano que dio un discurso de más de siete horas en el año 1999 frente al Parlamento Cubano. Antes de eso, también era Fidel Castro el que tenía el récord con su discurso de cuatro horas y media en la Asamblea de la ONU en 1968. Empezó su alocución diciendo: «Sé que tenemos fama de hablar largo. No se preocupen, haremos todo lo posible por ser breves».

🕮 ¿SABÍAS QUÉ?

PROTÁGORAS DE ABDERA (485-411 a. C.) puede ser considerado el padre del debate. Fue el primero en organizar discusiones de carácter regular entre sus discípulos. Estos discutían sobre temas establecidos previamente. Este sofista se ganaba la vida dando clase de retórica y filosofía por toda Grecia, pero fundamentalmente desarrolló su actividad en Atenas. Nos cuenta Platón en su diálogo *Protágoras*, dedicado a este filósofo padre del debate, que el salario de Protágoras era elevadísimo, unas cien minas (mucho dinero para la época). Platón hace decir a Protágoras en su diálogo: «He establecido la forma de percibir mi salario de la manera siguiente: cuando alguien ha aprendido conmigo, si quiere me entrega el dinero que yo estipulo, y si no, se presenta en un templo, y, después de jurar que cree que las enseñanzas valen tanto, allí me paga la cantidad que considera». Con esto da a entender que Protágoras estaba tan seguro del valor de sus enseñanzas que se permitía el lujo de dejar que sus discípulos le pagaran, en último término, lo que consideraban que valía su magisterio. Aunque no tenemos constancia de que ninguno de ellos rebajara los emolumentos del filósofo presentándose a jurar delante del altar...

Los discípulos de Protágoras debieron valorar mucho sus servicios porque, por ejemplo, Hipócrates estaba dispuesto a emplear toda su fortuna y todo lo que pudiera pedir prestado para poder convertirse en alumno suyo.

CAPÍTULO 3
EL MODELO ACADÉMICO

«Una vida no reflexionada no merece ser vivida».
Sócrates

Como ya hemos visto, el modelo académico es un formato característico de España. Se conoce la pregunta con, al menos, tres semanas de antelación; se enfrentan dos equipos en cada ronda de debate, uno defendiendo la postura a favor y otro en contra, estableciéndose por sorteo, de modo que los equipos deben llevar preparadas ambas posturas; y es un modelo de debate donde priman la investigación y el uso de evidencias. Pero eso no es todo, claro.

El debate del modelo académico se desarrolla en torno a cuatro intervenciones diferentes para cada equipo, con un introductor, dos refutadores y un encargado de la conclusión que van alternando sus intervenciones con sus homólogos del otro equipo (ver Anexo I). Los tiempos de los que disponen los oradores para hablar varían en función del rol que asuman dentro de su equipo: los introductores hablan cuatro minutos, los refutadores cinco y los encargados de la conclusión tres minutos. Excederse en el tiempo o quedarse demasiado corto es motivo de penalización.

Los equipos eligen a un capitán que representa al equipo a la hora del sorteo de la postura y en caso de queja ante la organización del torneo. El modelo académico tiene un sistema de argumentación propio inherente al formato, el sistema argumental es Afirmación, Razonamiento, Evidencia (ARE), del que es importante hacer un buen uso, pues si sustituimos el razonamiento por la evidencia, caemos en falacias o principios de autoridad que pueden ser penalizados. A los equipos se les pide que hagan buenas líneas argumentales, que destruyan las del otro equipo, que sean elegantes y educados. Una vez finalizado el debate, los equipos abandonan la sala para permitir la deliberación de los jueces, tras la que se realiza un *feedback* con los equipos, donde se les ofrece un análisis del debate, que sirve a los equipos para detectar los fallos y las potencialidades de la línea y del equipo (dependiendo del torneo, se da o no durante el *feedback* el resultado del debate).

El sistema ARE es un modo de argumentación que tiende a ser, como casi todos los modelos argumentales usados en debate, deductivo. En este modelo, en primer lugar se nos pide que realicemos la afirmación que tratamos de demostrar con nuestra argumentación y, después, que desarrollemos los razonamientos necesarios para poder llegar a creer esa primera afirmación. Realizado lo cual, solo queda apoyar el razonamiento con evidencias y fuentes que sean suficientemente abundantes y solventes. Este último punto es importante, debido a que uno de los fines de este modelo es que los debatientes realicen una buena investigación que les permita formarse en el tema debatido. Hay que tratar de rechazar evidencias poco sólidas como noticias periodísticas o artículos de opinión y hay que premiar el uso de evidencias y fuentes solventes, como el CIS, Eurostat, CSIC, fuentes ministeriales, artículos científicos, etc.

Veamos un ejemplo de cómo llevar el modelo ARE a la práctica:

1. Afirmación: La pena de muerte no es eficaz para evitar los crímenes pasionales.
2. Razonamiento:

   Premisa (P) 1: La pena de muerte es una pena disuasoria.

   P2: Las penas disuasorias evitan un crimen por miedo a las consecuencias.

P.3: Los crímenes pasionales no tienden a ser cometidos con premeditación.

P.4: En los crímenes donde no hay premeditación tampoco hay un análisis de las consecuencias que se derivan del crimen; si no, habría premeditación.

P.5: Si no se piensa en las consecuencias de un crimen, las penas disuasorias no funcionan, porque no se reflexiona sobre ellas.

Conclusión (C): La pena de muerte no evita los crímenes pasionales.

3. Evidencia:

Así lo apoyan los especialistas en el campo Luis Arroyo, Adán Nieto y William Schabas en su obra *Pena de muerte: una pena cruel e inhumana y no especialmente disuasoria*. Concretamente en la página 75, donde analizan los efectos de la pena de muerte en la tasa de homicidios de Estados Unidos, concluyendo que no solo no ha conseguido reducirlos, sino que en algunos casos incluso parece haberla aumentado; aunque sobre esto último haya cierta controversia, es incuestionable que de ningún modo ha ayudado a reducir la tasa de homicidios. Por esto creemos que la pena de muerte no evita los crímenes pasionales.

Esta sería la forma de presentar un argumento siguiendo el sistema ARE. Hay que prestar mucha atención a realizar buenos razonamientos. Este modelo ha sido criticado porque en muchos torneos se permite que las evidencias sustituyan a los razonamientos; se producen entonces debates que se ganan o se pierden por el peso y número de las evidencias, deformando una de las partes más importantes del modelo, que es la de desarrollar la capacidad de razonamiento y pensamiento lógico de los debatientes

El método ARE invita a perseguir una comprensión lo más profunda posible del proceso de construcción de argumentos y de sus partes, pues de este modo se desarrolla el pensamiento crítico, una herramienta fundamental para llevar a cabo un debate.

A la hora de desarrollar un argumento siguiendo este sistema, entran en juego los tres elementos básicos del pensamiento crítico. Se trata de tres conceptos que definen la calidad del mensaje que se está emitiendo. Veámoslos por orden jerárquico de menor a mayor importancia:

1. Opinión. Una opinión es algo que el orador a nivel individual tiene por cierto, pero que no tiene que ser compartido por otras personas. En el sistema ARE esta función la cumple la afirmación que es lo que tratamos de demostrar y que en principio no suele ser compartida por el auditorio. Es una opinión que defendemos y que tratamos de demostrar.
2. Afirmación o aseveración. Una afirmación es algo que un grupo de personas considera cierto pero que o no ha sido o no puede ser demostrado que sea cierto por sí solo. En el modelo ARE esta función la cumple el razonamiento, que es un conjunto de afirmaciones que se interrelacionan para demostrar algo, pero que por sí solas no demuestran nada.
3. Hecho. Un hecho es algo que puede demostrarse que es verdad. En el sistema ARE esta función la cumple la evidencia.

Como vemos, desde el punto de vista del pensamiento crítico, las opiniones apenas tienen valor por sí solas, pues solo son compartidas por nosotros y en ausencia de los otros elementos no tienen valor demostrativo como para poder construir un discurso convincente. Las afirmaciones son razonamientos que nos ayudan a sustentar esas opiniones pero que por sí solas no terminan de demostrar esa opinión. Los hechos son demostrables y terminan de aportar el elemento verificable a nuestras afirmaciones para creer esa opinión, ya que el hecho es el elemento más importante y de mayor jerarquía para el pensamiento crítico, de modo que un discurso construido eminentemente sobre hechos y afirmaciones tendrá mayor valor argumentativo que un discurso construido sobre opiniones y afirmaciones.

Para explicar mejor cuáles son los elementos básicos de un argumento y cómo encaja este en el esquema de los elementos de pensamiento crítico, vamos a analizar un ejemplo:

«El debate es una herramienta formativa extraordinaria».

Así expuesta, esa oración estaría entre la opinión y la afirmación. Podría encajar más en el concepto de «afirmación» porque podemos partir de la premisa de que se considera cierto para un número de personas importante, pero no tiene por qué ser convincente por sí sola para el auditorio. Esta oración es un juicio de valor frente al que podría caber el desacuerdo.

En un debate, lo que nos debe importar es cómo hacer que el jurado acepte la veracidad de la afirmación anterior. Para ello, no queda más remedio sino que el debatiente aporte una serie de razonamientos y evidencias que le permitan sostener lo que está diciendo. La presentación del argumento podría continuar así:

«El debate es una herramienta formativa extraordinaria».
«Porque se basa en el desarrollo de las habilidades lingüísticas».
«Y hemos verificado empíricamente que hay una
mejora sustancial del rendimiento académico».

Por tanto, probamos nuestra afirmación u opinión de que «el debate es una herramienta formativa extraordinaria».

En el esquema que venimos utilizando, el ARE, la parte del razonamiento tiene que organizarse como nexo de unión entre la afirmación y la evidencia, es la justificación que vincula la primera parte del esquema con la última. Lo más recomendable es que el razonamiento que se presente comience por la palabra *porque*. Una vez presentado el razonamiento, solo queda aportar las evidencias que sustenten todo nuestro edificio argumentativo:

«El debate es una herramienta formativa extraordinaria».
«Porque se basa en el desarrollo de las habilidades lingüísticas».
«Hemos verificado empíricamente que hay una
mejora sustancial del rendimiento académico».
«Como demuestra esta encuesta que hemos realizado
entre más de 1000 debatientes de todo el país que indica
que existe un aumento de la nota media de más de un
punto después de seis meses de práctica del debate».

📖 ¿Sabías qué?

En el debate, como en la vida, hay diversas formas de afrontar los desafíos que se nos presentan. Simplificando mucho, podemos decir que un debate se puede enfocar desde tres actitudes distintas:

- La actitud pasiva: se suele caracterizar por ser aquella que utilizan las personas que hablan en voz baja, tímidos en exceso, que prefieren no discutir y guardarse sus opiniones para sí mismos, dan la razón o directamente se callan, aunque estén en desacuerdo con lo que se está diciendo. En realidad, en el fondo de esta actitud lo que hay es una gran desconfianza en la posibilidad de convencer al otro.
- La actitud agresiva: suele ser la postura característica de personas que elevan el tono de voz o gritan. Además, adoptan una postura corporal amenazante. No escuchan ni les importa la opinión del otro. No creen que vayan a poder convencer al otro con argumentos y, por lo tanto, intentan utilizar la fuerza psicológica para amedrentar.
- La actitud asertiva: es la más deseable de las tres, la que recomendamos vivamente en este manual. La actitud asertiva caracteriza a las personas que hablan con un tono amable pero seguro y firme. Respetan la opinión de los demás y los escuchan sin interrumpir, pero también saben dar su propia opinión, aportando argumentos y tratando de convencer a su interlocutor con razones.

CAPÍTULO 4
LOS DIFERENTES ROLES EN EL DEBATE ACADÉMICO

«Ningún viento sopla a favor si no sabes a dónde vas».
Séneca

Como ya se ha explicado anteriormente, en un debate según el modelo académico encontraríamos cuatro tipos de intervenciones diferentes: el introductor, el primer refutador, el segundo refutador y el encargado de la conclusión. Veamos ahora los diferentes elementos que se deben desarrollar en cada una de estas intervenciones.

EL INTRODUCTOR

El introductor tiene la ventaja de ser la única postura del debate que puede venir totalmente preparada de casa; de hecho, muchos equipos tienden a leer la introducción, si bien eso se puede interpretar como síntoma de que ha sido poco preparada y reduce la naturalidad de la intervención.

En la introducción se realiza primero un exordio, una de las partes en la que se divide el discurso en el mundo clásico, cuya finalidad es la de llamar la atención del público y demostrar nuestra autoridad o conocimiento sobre el tema. Hay muchos tipos de exordio, desde citas, reflexiones, anécdotas, usos de elementos visuales o cualquier cosa que se nos ocurra para llamar la atención del público, siempre y cuando esté relacionada con el tema y aporte algo a la exposición.

El primer paso que debe desarrollar un introductor es el proemio o más comúnmente conocido como exordio. Es una de las partes en las que Córax dividió el discurso en la Antigüedad. Córax es el primer autor conocido de un texto de retórica, vivió en el siglo V a. C. en Siracusa, donde los tiranos de esta ciudad y sus sucesores Gelón y Gerón habían expropiado numerosas tierras durante su gobierno. Con el levantamiento de Siracusa se puso fin al gobierno del tirano Trasíbulo y se iniciaron numerosos procesos legales para restituir las tierras confiscadas a sus dueños originales. Tantos juicios fueron que, aunque los abogados eran hábiles en el uso de la palabra, vieron conveniente que se estableciera una sistematicidad en el orden de sus intervenciones legales. Es por este motivo por el que Córax publicó hacia el año 476 a. C. la primera obra conocida de la retórica. En ella no solo establece las diferentes partes que debería contener el discurso: exordio, narración, argumentación, digresión y epílogo, sino que, además, establece que son más persuasivos los razonamientos probabilísticos que aquellos que se basan en certezas absolutas. Sea como fuere, en el debate académico hemos integrado esta primera parte en la que Córax dividía el discurso. El exordio es la primera parte del discurso en la cual tratamos de captar la atención del auditorio y ganarnos la autoridad y el respeto del mismo. La atención la solemos captar abriendo nuestra intervención con algo sorprendente y/o interesante, además, tratamos de introducir elementos que permitan percibir nuestro profundo conocimiento del tema, lo cual nos hace ganar una autoridad indispensable para que el público esté más predispuesto a aceptar nuestros razonamientos, pues desde el primer momento hemos demostrado que sabemos de lo que estamos hablando. En los años que llevamos compitiendo y enseñando debate hemos identificado diferentes tipos de exordio, estos son:

- Cita de autoridad. Es el exordio más sencillo que podemos realizar, para desarrollarlo correctamente debemos buscar una cita que esté directamente relacionada con el tema debatido. Lo ideal es haberla trabajado en casa, haber ensayado la entonación, los silencios, el volumen... Una forma de complicarlo un poco más es empezar nuestro discurso con una cita que sintetice nuestra argumentación y, una vez pronunciada, explicar esta conexión. Veamos un ejemplo: En el torneo de debate Tres Culturas del año 2013 se planteó la pregunta «¿se debe intervenir militarmente en Siria?», el equipo a favor podría esgrimir una línea legalista: Sí, porque es legal hacerlo. El equipo en contra, si ha previsto esta posibilidad, podría empezar su discurso de la siguiente forma: «Decía Cicerón que la ley máxima es el bienestar del pueblo y yo creo que esto es lo que venimos a debatir, si con la intervención militar se consiguen mejorar las condiciones del pueblo sirio, porque creemos que esto debe ser lo que determine si se debe intervenir militarmente o no, y sinceramente, creemos que con la intervención militar solo se agravarán los padecimientos de los sirios y es por esto por lo que estamos en contra, porque, como decía Cicerón, la ley máxima, que en este caso es el bienestar del pueblo sirio, no mejora con la intervención militar sino que se agrava enormemente y esto lo vamos a demostrar a través de nuestra línea argumental».

- PREGUNTAS RETÓRICAS. Es una forma sencilla de empezar y, si está bien hecha, muy efectiva. Aunque se puede variar y adaptar a multitud de situaciones, creemos que lo más efectivo es realizar una serie de preguntas sobre las cuestiones que desde nuestro punto de vista se deben abordar en el debate. Es efectivo porque nos da la iniciativa en el debate al establecer desde el primer momento cuáles deben ser las cuestiones a abordar en el enfrentamiento. Ayuda también a que haya un buen debate, pues desde el principio de nuestra intervención se establecen cuáles son las cuestiones que vamos a responder con nuestra línea argumental y al hacer esto nuestros argumentos quedan más asentados en el debate. Veamos un ejemplo: En el torneo del año 2016 celebrado por la Universidad San Pablo CEU en Madrid (Interceu) se estableció la pregunta de debate: «¿Se debe reformar la LOREG?» (Ley Orgánica del Régimen Electoral General). Un hipotético equipo que defendiera la postura a favor podría empezar su intervención diciendo lo siguiente: «¿A alguien le parece lógico que el voto de un turolense valga más que el voto de un madrileño? ¿A alguien le parece aceptable que un partido que obtiene un millón de votos en todo el Estado tenga la misma representación parlamentaria que un partido que obtiene 300.000 votos en Cataluña? ¿A alguien le parece que una ley que tiene cuarenta años de antigüedad puede seguir rigiendo en un país donde han aparecido nuevos partidos y nuevos problemas territoriales?». Con estas preguntas el equipo afirmativo ayuda a establecer el campo argumental que va a desarrollar con sus argumentos, los cuales deberían ir en consonancia con estas preguntas, estos podrían ser: 1) La desigualdad democrática que establece la LOREG entre los ciudadanos. 2) La discriminación electoral de ciertos partidos políticos frente a la situación de privilegio de otros. 3) El anacronismo de la ley con respecto a los problemas actuales.

- Usar la evolución de los datos o el peso de la historia. En este caso, para poder usar este recurso, debemos hacer una buena investigación documental para encontrar los datos que sustenten nuestra posición. El objetivo es hacer una evolución de los datos de cierta situación que nos permitan ver que un problema se está agravando o solucionando en función de la postura que nos haya tocado. Veamos un ejemplo: En el torneo realizado por el Colegio Mayor Jaime del Amo en el año 2012 con la pregunta: «¿Pueden los movimientos terroristas poner en riesgo a la Unión Europea?», un equipo que se posicionaba en contra inició su intervención de la siguiente forma: «El 19 de junio de 1987 ETA cometía su mayor atentado en un Hipercor de Barcelona asesinando a veintiuna personas e hiriendo a cuarenta y cinco [enseñan recorte periodístico de la noticia], era su momento de mayor poder y terror. En 1992 se produjo la caída de la cúpula terrorista en Bidart (Francia), momento en que ETA fue descabezada con el arresto de Francisco Múgica

Garmendia [enseñan recorte periodístico de la noticia]. En el 2004 la policía francesa detiene a Mikel Albisu y Mikel Antza máximos responsables de la banda [enseñan recorte periodístico de la noticia]. El 20 de octubre del 2011, ETA anuncia el fin definitivo de la violencia terrorista [enseñan recorte periodístico de la noticia]. Los movimientos terroristas no son un riesgo para Europa porque al igual que España, Europa está preparada para combatirlos y derrotarlos». Veamos otro ejemplo de un hipotético debate con la siguiente pregunta: «¿Se debería obligar a los padres a vacunar a sus hijos?». El equipo a favor podría realizar el siguiente exordio: «En el siglo XVIII la viruela acabó con la vida de sesenta millones de personas en Europa. En 1796 Edward Jenner desarrolló la primera vacuna del mundo, precisamente contra la viruela. A lo largo de los siguientes siglos, la irrupción de vacunas para diferentes enfermedades hizo que estas primero se fueran controlando y que muchas fueran prácticamente erradicadas de la faz de la tierra. Pero ha sido la irrupción de los movimientos antivacunación los responsables de que en pleno siglo XXI enfermedades que estaban erradicadas como el sarampión, las paperas o la tos ferina hayan vuelto a aparecer. En el 2017 en Europa hubo 21.000 casos registrados de sarampión y fallecieron cuarenta personas».

- Exordio visual. En este exordio se utiliza algún tipo de objeto para desarrollar una reflexión relacionada con la temática del debate y con la postura defendida, las opciones son casi infinitas. Hay que decir que muchos equipos usan este tipo de exordios trayendo algún objeto al debate sin que esté especialmente relacionado con su línea argumental o con el tema debatido. Hecho de esta forma, el exordio no aporta prácticamente nada al equipo y solo les resta unos valiosos segundos que podrían haberse invertido en presentar el tema o desarrollar los argumentos. Para que el exordio sea efectivo, debe estar perfectamente ligado con la pregunta de debate y con nuestra argumentación. Veamos un ejemplo: En un hipotético debate con la siguiente pregunta: «¿Ha sido la industrialización moderna beneficiosa para la humanidad?». Un equipo que defienda la postura en contra podría realizar el siguiente exordio: [El introductor se sitúa en el centro de la sala, aparta ligeramente el atril, mira a su equipo, al equipo rival, al jurado y al público asistente, realiza un silencio retórico de dos segundos, levanta su mano derecha donde sostiene su *smartphone* de última generación, lo enseña de nuevo a todos los miembros de la sala y saca la batería del móvil y repite este mismo proceso.] «Esta batería de mi móvil es la que permite que este funcione, la que permite que pueda hablar con cualquier persona del mundo en cualquier momento, es la que me permite a mí y a gran parte del mundo estar conectados, la que ha reducido los tiempos de las transacciones comerciales, la que ha acelerado las relaciones diplomáticas de los países del mundo y sin embargo esconde un oscuro secreto. Esta batería está hecha de colombita y tantalita, materiales que se extraen del cobalto y del tantalio, minerales sumamente escasos y cuya producción se concentra en el Congo. Este país lleva años sufriendo una guerra civil para mantener el suministro a las principales multinacionales del mundo, a países como EE. UU., Alemania y Bélgica, principales beneficiarios de que una guerra civil asole la zona y de que no haya un Gobierno fuerte que luche para que se pague un precio justo por sus recursos. Una guerra civil que ya ha costado la vida a millones de personas, suponiendo primera matanza del siglo XXI. Esta será la tesis de nuestra línea argumental, que la industrialización solo ha sido beneficiosa para una parte de la población mundial pero que ha sido sumamente perjudicial para una gran parte de la humanidad». Veamos un segundo ejemplo: En la final del Torneo Nacional de Debate Académico Europe Direct celebrado en la Diputación de Córdoba se debatía la siguiente pregunta: «¿Tiene sentido el proyecto europeo?». El equipo extremeño que defendía la postura a favor realizó el siguiente exordio: [El introductor del equipo se pone delante del atril, coge con su mano derecha una baraja de cartas y da un paso hacia el jurado.] «Europa es como una baraja de cartas donde encontramos diferentes y variados elementos, ya podemos ser un rey de diamantes, ya podemos ser una jota de tréboles o una sota de corazones. Pero solos siempre va a haber alguien más fuerte que nosotros [aplasta la carta y la lanza delante de todos los asistentes], e incluso yendo dos juntos siempre va a haber alguien que pueda perjudicarnos [aplasta las dos cartas juntas y las vuelve a arrojar al suelo]. Pero unidos, por muy diversos que seamos somos fuertes, somos compactos, estamos unidos [trata de aplastar todas las cartas sin lograrlo]. Y como reza el lema de la Unión Europea todos tienen su hueco unidos en la diversidad [introduce todas las cartas restantes en su caja]».

- Exordio *storytelling*. Este es otro de los exordios más utilizados en el mundo del debate. Para su correcta realización debemos encontrar una historia personal que represente bien la tesis que queremos defender en nuestro debate o en nuestra línea argumental. Lo ideal sería que la anécdota sintetizara una idea central para el debate de forma que, una vez desarrollada la anécdota, cada vez que quisiéramos referirnos en el debate a ella solo haya que recordar nuestro exordio introductorio. Veamos un ejemplo: En el IX Torneo de Debate Universitario Francisco de Vitoria celebrado en Madrid en el 2014 se debatía la siguiente pregunta: «¿Deben aumentarse las competencias de las autonomías?». En este torneo un equipo que defendía la postura en contra desarrolló el siguiente exordio: «Hace unos años estuve de viaje en San Sebastián con mis padres. A mí me gusta especialmente la pesca y encontré un espigón en la playa de La Concha donde se pescaba bastante bien. El problema radicaba en que el espigón estaba construido por enormes bloques cuadrados de piedras y entre bloque y bloque quedaban a veces huecos que podían llegar a ser tan grandes como una persona. Una mañana tuve una picada fuerte en una de mis cañas, con la emoción propia empecé a recoger el sedal y me moví por el espigón para facilitar la captura del pez. En un momento concreto metí mi pierna en uno de esos agujeros y caí dando golpes entre las piedras en un hueco de más de cuatro metros de profundidad. La caída no fue especialmente dolorosa, no sé exactamente cuánto tiempo pasó antes de que tratara de pedir ayuda, la noción del tiempo en esas circunstancias se desvanece, no sentía dolor, pero algún instinto, hasta ese momento desconocido para mí, hacía que no intentara levantarme. Por suerte unos chicos habían visto desde el paseo marítimo mi caída, vinieron primero a ver cómo estaba y al decirles que no podía subir llamaron a un coche de la Policía que, de forma permanente, custodiaba la siempre turística y concurrida playa de La Concha. La policía llegó y se dirigió a mí en vasco, luego al ver que no les entendía me hablaron en castellano. Me ayudaron a salir del agujero y llamaron a una ambulancia, pues era obvio que tenía alguna lesión grave. La ambulancia tenía el nombre escrito en vasco, me llevaron a un hospital que se anunciaba en vasco, el hospital donde me atendieron tenían toda la información en vasco. Por suerte, no me quedaron secuelas de la caída y tras un mes de escayola el hueso de mi tobillo se soldó y no tuve mayor problema. De esta experiencia saqué algunas reflexiones, tanto la Policía, como la sanidad o la educación estaban en manos del Gobierno vasco, ¿para qué querría alguien tener mayores competencias?».

- Exordio de anécdota histórica o literaria. Otra forma de empezar nuestra intervención es narrando un relato histórico o literario que encierra una reflexión o moraleja adecuada para introducir el tema del debate y conectarlo con nuestra línea argumental. Uno de nuestros ejemplos favoritos lo encontramos en un discurso político, concretamete en el inicio del discurso de Julio Anguita que dio en Extremadura en el año 1999 y que se ha denominado «El gran discurso antisistema», donde encontramos un maravilloso exordio sobre el maestro Galileo y que no reproduciremos aquí pues cualquiera puede encontrarlo en YouTube o Internet. Otro ejemplo es el que desarrolló el equipo que defendía la postura en contra en la final del Torneo Nacional de Debate Académico Europe Direct celebrado en la Diputación de Córdoba en el año 2014 con la siguiente pregunta de debate: «¿Tiene sentido el proyecto europeo?». El introductor realizó el siguiente exordio: «El Dr. Jekyll era un hombre de ciencia. Un hombre que estaba preocupado por los problemas de la sociedad de su tiempo, de la humanidad. Un hombre que con su trabajo, su talento y su esfuerzo quería poner fin a estos problemas. El Dr. Jekyll, fruto de su trabajo, descubrió una fórmula secreta que transformó al Dr. Jekyll en Mr. Hyde. Mr. Hyde no solo no ayudó a transformar los problemas de su época, sino que contribuyó a sembrar las calles de Londres con sus espantosos crímenes». Hecho esto, el introductor del equipo explicó que, al igual que pasó con la fórmula mágica del Dr. Jekyll, el proyecto europeo ha empeorado la mayoría de indicadores sociales de Europa y, por lo tanto, no tiene sentido.

- Exordio silencioso: Uno de mis exordios favoritos. El exordio consiste en utilizar los primeros segundos de nuestra intervención en guardar silencio. Luego hacemos ver lo que ha sucedido en ese lapso de tiempo en relación con el tema debatido. El exordio es efectivo porque rompe con las expectativas que el público y el jurado tienen del inicio de una intervención de debate, que es precisamente que se hable. Veamos un ejemplo: En el V Torneo Nacional de Debate celebrado por la Universidad Complutense de Madrid en el 2013 se debatía la siguiente pregunta: «¿Son los derechos de autor una barrera para la creación artística?». Un equipo que defendía la postura a favor inició su intervención de la siguiente forma: «[El orador se sitúa en medio de la sala y hace un gesto al miembro del *staff* para que ponga en funcionamiento el cronómetro, durante los siguientes diez segundos se pasea por la sala, mirando al equipo adversario, a su propio equipo, al jurado y al público asistente.] Si hubiera seguido en silencio durante cuatro minutos y medio, lo hubiera grabado y publicado, se me podría haber denunciado por infringir los derechos de autor. En 1952 John Cage compuso una canción en la que guardaba silencio durante cuatro minutos y medio. Durante muchos años no hubo ningún problema, pero en el 2002 un grupo británico llamado The Planets publicó su disco denominado *Classical Graffiti*, la canción nº 13 se denominaba «A One Minute Silence». La sorpresa de Mike Batt, creador y fundador del proyecto, fue mayúscula cuando los herederos de John Cage lo denunciaron por plagio de su obra. Hasta este punto han llegado los derechos de autor, hasta este punto los derechos de autor son una barrera para la creación artística». Veamos un segundo ejemplo: En el Torneo Nacional de Debate de la asociación de debate AGADE celebrado en Santiago de Compostela en el año 2013, se debatía la siguiente pregunta: «¿Se debería legalizar el consumo de marihuana?». En este debate un hipotético equipo que defendiera la postura a favor podría haber empezado su intervención de la siguiente forma: «[El introductor se sitúa en el centro de la sala y hace un gesto al miembro del *staff* para que ponga en funcionamiento el cronómetro, deja pasar los diez primeros segundos mientras se pasea por la sala mirando al equipo opositor, a su propio equipo, al jurado y al público asistente.] En estos diez segundos se han vendido 20 kg de marihuana, en estos trece segundos ha habido treinta agresiones relacionadas con el comercio y consumo de marihuana y en estos quince segundos al menos tres personas han sido asesinadas por la política prohibicionista que han adoptado los Gobiernos del mundo en relación a las drogas y entre ellas a la marihuana».

- Exordio de anécdota. Otro de los exordios más utilizados en el mundo del debate. Para su correcta realización debemos encontrar una anécdota que represente bien la tesis que queremos defender en nuestro debate o en nuestra línea argumental. Lo ideal sería que la anécdota sintetizara una idea central para el debate de forma que una vez desarrollada la anécdota cada vez que quisiéramos referirnos en el debate a ella solo hubiera que recordar nuestro exordio introductorio. Veamos un ejemplo: En el 2017 la Fundación de Debate Cánovas organizó junto con la Asociación Mujeres en Igualdad un torneo de debate escolar con la siguiente pregunta: «¿Está la juventud suficientemente concienciada frente a la violencia de género?». Un hipotético

> equipo que defendiera la postura en contra podría comenzar su introducción de la siguiente forma: «Siempre recordaré aquella tarde de octubre en la que mi madre me mandó a la tienda de ultramarinos que hay a tres calles de mi casa. Tenía yo entonces nueve años y en Málaga a las ocho de la tarde, en mitad del otoño, que es cuando volvía yo de la tienda, no es de día pero tampoco de noche, es una hora donde las sombras se van alargando y la penumbra se empieza a asentar como un adelanto de la noche. Al pasar cerca de un bar que hay en la misma calle que la tienda de Alfonso, de vuelta a mi casa, un hombre que yo conocía, de verlo al pasar por allí, me empezó a seguir. Cuando me di cuenta aceleré el paso, pero él también lo aceleró, empezó a chistarme y a decirme cosas y poco después trató de agarrarme de un brazo. Por suerte me pude zafar y salir corriendo y llegar a la puerta de mi casa, temblando pulsé muchas veces el portero de mi casa y llegué a los brazos de mi madre llorando desconsoladamente, era la primera vez que pasaba tanto miedo. Pues bien, esta historia que me ocurrió cuando tenía nueve años es muy parecida a la que ocurrió en un colegio de esta provincia, cuando unos compañeros de clase siguieron hasta su casa a una chica, pero es que, es más, cuando yo conté esta historia en mi clase no creáis que la gente mostró solidaridad, ya que muchos de mis compañeros dijeron que era una exagerada, ya que a fin de cuentas no me había ocurrido nada».

Una vez realizado el exordio, el introductor se presenta y presenta a los integrantes del equipo. A continuación, suele dedicar unos segundos a saludar a los miembros del otro equipo, al jurado y al público asistente, a los cuales, por ejemplo, se les puede dar las gracias por posibilitar el debate. Después de esto, se afirma o se niega la pregunta de debate en función de si nos ha tocado el a favor o el en contra, lo que permite recordar la postura que se va a desarrollar. Hecho lo cual, se aborda la definición de los términos más importantes de la pregunta del debate. Este punto es especialmente importante, ya que, en función de lo que entendamos por «ciertos términos», el propio debate puede cambiar; por ejemplo, si estoy en contra del aborto, me interesa definir el embarazo como el desarrollo de una vida, porque si el otro equipo acepta esto, estarán aceptando que un aborto es la interrupción de una vida. Sin embargo, si estoy a favor, me interesará definir el embarazo como un proceso biológico que desemboca en el nacimiento de una vida y plantear que solo hay vida cuando hay nacimiento. A través de los términos podemos delimitar el campo argumental en el que se desarrollará el debate.

Una vez definidos los términos que consideramos relevantes en el debate, yo sugeriría —digo «yo» porque no todo el mundo hace este paso que hemos integrado y que procede del formato BP— establecer el *statu quo* o contexto de la pregunta, esto es, destacar las razones por las que este debate es importante, así como las que avalan darle una respuesta negativa o positiva a esa realidad, según el caso.

Terminado el *statu quo*, se procede a establecer nuestra tesis de debate, la idea central que tratamos de demostrar con nuestros argumentos. Por ejemplo, que algo es malo o bueno, que algo debe ser rechazado porque tiene más perjuicios que beneficios, porque es cortoplacista, etc.

Planteada la tesis de debate, debemos explicar a continuación los argumentos que sustentan esta tesis. Lo normal es plantear tres argumentos, no hay ninguna razón para no plantear dos o cuatro, pero la mayoría de los jueces esperan que los equipos expongan tres argumentos, cosa que por mor de la costumbre se ha convertido en una suerte de pseudodogma un tanto arbitrario y como todo dogma es negativo pues reduce las opciones de los debatientes. Los argumentos en la introducción se tienen que explicar lo suficiente como para que el otro equipo pueda empezar a contestarlos, pero no tanto como para que los refutadores no tengan nada nuevo que decir en la parte constructiva.

Una vez que se han explicado los argumentos solo queda cerrar la intervención de forma elegante; suele ser muy bien valorado tratar de cerrar con algo relacionado con nuestro exordio, porque da la sensación de una intervención cerrada que sigue una estructura circular. Una opción más fácil puede ser terminar enumerando de nuevo rápidamente nuestros argumentos y nuestra posición ante la pregunta de debate.

Para ordenar nuestra introducción puede resultar útil seguir una ficha o estructura definida (ver Anexo II).

LOS REFUTADORES

Integro en este punto tanto al primer como al segundo refutador de los equipos debido a que sus funciones son las mismas.

Los refutadores solo tienen dos funciones: primero, destruir la línea argumental del otro equipo y, segundo, construir su propia línea argumental. Siempre se sigue este orden, primero destruir y luego construir; nunca se debe invertir debido a que, a la hora de destruir un argumento, primero hay que recordarlo y si nuestra destrucción no es buena, corremos el riesgo de terminar nuestra intervención recordando los argumentos del otro equipo.

Aunque las funciones de los refutadores sean solo dos, estas son las que más tiempo ocupan en el debate y desde luego las que más importancia tienen en el mismo, hasta el punto de que los debates tienden a ganarse o a perderse en las refutaciones. Si, como ya decíamos, el introductor ha explicado brevemente nuestros argumentos, es el primer refutador el encargado de realizar todos los pasos que hemos visto en el modelo ARE a la hora de construir los argumentos. También es tarea del segundo refutador, pero lo normal es que el primer refutador tenga un papel más constructivo y el segundo refutador un papel más destructivo, debido a que es importante construir pronto los argumentos para que el otro equipo tenga la posibilidad de debatir con todos los elementos que integran el debate. Pese a esto, suele ser muy difícil y quizás poco conveniente que el primer refutador construya todos los argumentos; lo normal es que el primer refutador explique dos argumentos y tenga algo de tiempo para refutar los argumentos que ya haya expuesto el otro equipo, y que el segundo refutador construya un solo argumento y que por tanto disponga de más tiempo para destruir los argumentos de la otra parte.

Los refutadores son los únicos oradores a los que el otro equipo puede realizar preguntas, de ellos depende aceptarlas o rechazarlas, siendo este uno de los elementos que luego se valoran para determinar el resultado del debate. El número de preguntas que un refutador suele aceptar no debería ser más de dos ni menos de una, aunque esto puede variar dependiendo del desarrollo del debate. Al equipo que realiza la pregunta no se le suele permitir exceder los quince segundos para plantearla.

LA CONCLUSIÓN

La conclusión es una parte compleja pues se separa del resto del debate, como si fuera una intervención aparte. Es como si el debate ya hubiera finalizado y el encargado de la conclusión fuera el responsable de analizar este. Muchos equipos de debate tienden a entender la conclusión como un resumen del debate, aunque esto es demasiado pobre para contentarnos con ello; la conclusión es algo más.

Es cierto que en la conclusión se hace un resumen de lo que ha ocurrido, pero lo más importante es realizar un buen análisis, explicar aquello que no parece obvio. ¿Se quedó la otra parte en un nivel teórico y nuestro equipo trabajó sobre la teoría, pero también sobre los casos empíricos? ¿Hemos dado una visión más holística del debate y por lo tanto hemos respondido mejor a la pregunta del debate, al cubrir más áreas? ¿Ha caído el otro equipo en hablar solo sobre las evidencias, sin plantear razonamientos, cayendo en principios o falacias de autoridad? ¿Hemos tenido en cuenta las fases temporales de la pregunta, pasado-presente-futuro, mientras que el otro equipo solo ha hablado del presente, sin mirar las futuras consecuencias? Todo este tipo de preguntas nos permiten abordar el metadebate, pensar y cuestionarnos sobre el propio debate y ya no tanto sobre los argumentos concretos. Este punto de análisis, que va más allá del mero resumen, es lo que diferencia a los buenos «conclusores» que son capaces de ver más allá de los argumentos concretos y ver el mapa entero del debate. Por eso es tan importante para el encargado de la conclusión salir con otro tono, pensar de forma diferente y abordar el debate con ojos diferentes de los siempre espectaculares refutadores. Es mejor poner en un segundo plano las confrontaciones más evidentes que el jurado tiene bien recogidas y destacar lo que subyace en el debate y que puede haber sido ignorado. Tiene tanta importancia porque es la única intervención que no se centra en lo que se está discutiendo sino en lo que ha pasado.

En suma, la conclusión es una de las partes más difíciles del debate y un buen análisis puede cambiar el resultado del mismo, especialmente en caso de debates que resulten un tanto farragosos o caóticos, porque es el encargado de la conclusión el que, con su análisis, puede contribuir a clarificar el debate o a dar una visión nueva del mismo.

¿Sabías qué?

No existe la palabra *conclusor* ni *conclusionista*; la única forma correcta de referirnos a esta parte del debate es hablar del «encargado de la conclusión», lo cual tras años de práctica suele acabar minando la moral de estos oradores que ven cómo nuestra gramática niega un sustantivo al rol que desempeñan. ¡Pobres encargados de la conclusión! Sin embargo, la palabra *conclusor* tiene tanta extensión en el mundo del debate que no perdemos la esperanza de que, al igual que pasó con la palabra *almóndiga*, termine integrando el diccionario de la RAE.

CAPÍTULO 5
CONSTRUCCIÓN DE LÍNEAS ARGUMENTALES

«La evidencia es la más decisiva demostración».
Cicerón

Quienes se dedican al debate académico con pasión pronto se sienten cómodos refutando líneas argumentales; sin embargo, es la construcción de las líneas lo que más tiempo requiere para perfeccionarse y llegar a un buen nivel.

Volvemos a recordar que seguimos el modelo ARE de argumentación, y que por lo tanto a él nos ajustaremos a la hora de construir nuestras líneas. Al respecto, es importante tener claro lo que es la tesis de debate, cosa que muchos equipos experimentados no siempre tienen claro y que es fundamental. La tesis es la respuesta que damos a la pregunta del debate y la que tratamos de demostrar con nuestros argumentos, pero hay equipos que se saltan este paso y tratan directamente de probar o negar la pregunta de debate con los argumentos.

Veamos un ejemplo: «¿Se debe legalizar el aborto?»; a esta pregunta, un equipo que no tenga en cuenta la tesis, podría decir que no se debe legalizar por:

1. Argumento sobre la vida: Es una vida y la estamos eliminado.

2. Argumento sobre el derecho del niño, que debe prevalecer sobre el de la madre.
3. Alternativas: Existen opciones menos lesivas, como la adopción.

Aunque este equipo no la haga explícita, su tesis, la respuesta que da a la pregunta de debate, es que el aborto no se debe legalizar porque no es moral y eso lo demuestran con esos tres argumentos, también podría ser que existen opciones menos lesivas. Pero las tesis de debate son importantes y deben explicitarse porque nos ayudan a poder centrar el debate, a clarificarnos en qué dirección estamos yendo, ya que puede haber muchas direcciones para demostrar o atacar una pregunta. La tesis de debate debe ser sintética, debe ser una respuesta rápida; si se necesita un párrafo entero para explicar la tesis es que no es tal. En este caso no parece que una u otra tesis fueran a cambiar la investigación y el desarrollo del debate, pero veamos otro ejemplo más complejo:

En el Torneo Nacional de Debate Europe Direct celebrado en Córdoba en el 2014, en formato académico, se preguntaba: «¿Tiene sentido el proyecto europeo?». Al equipo que ganó el torneo en la gran final le tocó la posición en contra y definió *proyecto* como la unión de dos vocablos latinos *pro* e *iectus*, que significan *pro* «hacia delante» e *iectus* «lanzar». Por tanto, explicaron, un proyecto es aquello que avanza hacia adelante. Usando esta definición pudieron defender que su tesis de debate era que estaban en contra del proyecto europeo porque era un antiproyecto, de modo que con sus argumentos pasaron a intentar demostrar que el proyecto europeo llevaba diez años en retroceso en economía, sociedad y movilidad, siendo estos los tres argumentos con los que probaban su tesis y esta respondía a la pregunta del torneo. En este caso, si no hubieran defendido esta tesis, sus argumentos no hubieran sido igual de efectivos ni atingentes, pues demostrar que tres de los aspectos principales del proyecto europeo están en retroceso solo tiene sentido si se está defendiendo que un proyecto implica avanzar hacia adelante, que es la tesis, sin ella el debate hubiera sido otro totalmente, se habría demostrado que el proyecto europeo estaba en retroceso en sus principales áreas pero no se demostraría que el retroceso implique necesariamente la falta de sentido del proyecto. En este caso una buena tesis fue fundamental para ganar un importante torneo.

Una vez que se tiene clara la tesis que se quiere demostrar y con la que se quiere contestar a la pregunta, queda construir nuestras argumentaciones, para lo cual simplemente debemos seguir el modelo ARE, tal y como se explicó previamente. Lo cierto es que nuestros argumentos deben estar suficientemente bien diferenciados, pues de lo contrario, si son excesivamente parecidos, podemos correr el riesgo de construir una línea argumental en exceso reduccionista. El modelo de argumento que presentamos antes es, desde luego, el prototípico de un debate; sin embargo, hay otros tipos de argumentos que podemos utilizar, sin por ello atentar contra el modelo ARE. Pero para poder entrar más en profundidad en materia, primero tenemos que explicar las partes en que se divide un argumento. Aunque hay muchas afirmaciones de grandes teóricos podemos establecer una sencilla: un argumento se define como una afirmación que es sostenida por otras afirmaciones hasta llegar a una afirmación final que es la conclusión. Esa primera afirmación sería la hipótesis que tratamos de demostrar, el primer paso de ARE, con nuestra argumentación, que serían esas otras afirmaciones que sostienen a la primera, nuestra hipótesis, que no es sino la conclusión a la que queremos llegar, nuestra última afirmación. Como es fácil comprobar, cuando hablábamos de la pena de muerte como ineficaz para evitar los crímenes pasionales, cada una de las premisas se deducía de las anteriores, lo que conlleva varias implicaciones:

- En primer lugar, existe una primera premisa (cuidado de no confundir la primera premisa con nuestra afirmación o hipótesis) de la que partimos para desarrollar nuestro razonamiento y que tenemos que intentar que sea compartida por el público al que queremos convencer, en nuestro caso el jurado. En tal sentido, es contraproducente utilizar una premisa de partida del razonamiento que vaya a suscitar la oposición de aquellos que nos escuchan: si no están de acuerdo con nuestro punto de partida, difícilmente van a estarlo con las conclusiones que establezcamos.

- En segundo lugar, entre las premisas tiene que haber una relación que justifique el paso de una a otra, relación que se denomina inferencia y que cabe definir como la conexión lógica existente entre las premisas, de modo tal que si aceptamos la verdad de una, tengamos que aceptar la verdad de las subsiguientes hasta llegar a la conclusión. Hay varios autores que han establecido métodos para poder garantizar este salto inferencial, entre los que destacaría a Toulmin, quien en su libro *Los usos de la argumentación* plantea que las inferencias necesitan una garantía, un elemento que nos permita aceptar que ese salto entre las premisas está justificado y la garantía a su vez necesita un respaldo, que sería una especie de prueba, que nos habla de la calidad de la garantía. Por tanto, para Toulmin la inferencia se prueba a través de una garantía y la garantía es aceptada porque tiene un respaldo que justifica su uso.

En resumen, podemos decir que un argumento, siguiendo el modelo de Toulmin, tiene premisas, conclusión, garantía, respaldo y una relación entre las partes que se llama inferencia. Y que se desarrolla siguiendo el sistema ARE. Una vez visto lo cual, vamos a ver ahora diferentes tipos de argumentos que podemos usar en una competición de debate.

TIPOS DE ARGUMENTOS

1. Argumentos lineales o simples

En estos argumentos encontramos:

- La afirmación que tratamos de demostrar, que no es sino la conclusión a la que queremos llegar.
- Un razonamiento que parte de una primera premisa, que debe ser compartida por el jurado y a ser posible por todos los miem-

bros de la sala, para empezar la argumentación que haga creer en esa afirmación o hipótesis.

- Otras premisas que se deducen de esa primera premisa.
- Una conclusión, que es la afirmación que habíamos realizado al principio del proceso.
- Una serie de evidencias que apoyan dicha afirmación. Y que cumplen un papel demostrativo a través de hechos objetivos. Por eso es fundamental que las evidencias aportadas generen el menor número de dudas posibles.

2. Argumentos simples o lineales con garantía y respaldo

Siguen exactamente el mismo modelo anterior, pero además se ofrece una prueba que permita confiar en la inferencia hecha. Por ejemplo, en el caso de la pena de muerte, si hubiéramos querido presentar una garantía cuando desarrollábamos el razonamiento, tendríamos que haber sumado alguna prueba de que los crímenes pasionales se realizan sin premeditación. Si quisiéramos añadir además un respaldo, lo que tendríamos que hacer es añadir otra prueba en la que se demuestre que el autor o la institución que respaldan la primera son fiables. Veamos cómo quedaría el esquema del argumento:

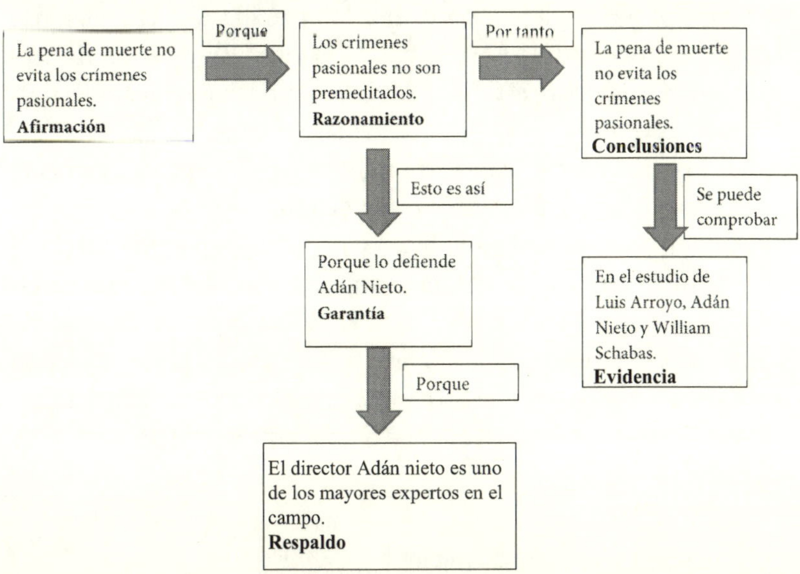

3. Argumentos por analogía

Los argumentos por analogía los tenemos que entender como argumentos simples o lineales en los que se introduce una garantía del razonamiento, que en este caso sería la analogía, es decir, una situación que tiene los mismos elementos que nuestra argumentación y en la que el resultado es aceptado por el público al que nos dirigimos. Una argumentación por analogía vendría a verbalizarse de la siguiente manera: «De tales premisas llegamos a nuestra conclusión, conclusión análoga a la que se llegó en tal caso y aceptada universalmente, de modo que la nuestra también debería serlo porque entre ambos casos hay la misma relación lógica».

* * *

Una vez vistos los diferentes tipos de argumentos que podemos usar, nos queda reflexionar sobre cómo se puede ordenar una línea argumental o un conjunto de argumentos. Y para ello vamos a centrarnos en tres estructuras, que son las más usadas dentro del debate competitivo:

- Argumentaciones coorientadas. Serían aquellas en las que los argumentos son independientes unos de otros y cada uno de ellos, por sí solo, puede demostrar nuestra tesis. Se llaman coorientadas porque todos tratan de demostrar la misma cuestión. En el ejemplo que poníamos sobre el aborto presentábamos tres argumentos: 1) Atentar contra la vida. 2) Prevalece el derecho del niño sobre el de la madre. 3) Hay opciones menos lesivas. Este sería un ejemplo de argumentación coorientada, cada uno de los argumentos demuestra nuestra tesis independientemente de que se acepten los otros o no, de modo que, si se refuta que existen opciones menos lesivas, no se le quita por ello fuerza al argumento de que se atenta contra una vida. Estas argumentaciones son muy adecuadas para el debate, pues de esta forma, aunque es de esperar que las refutaciones de la otra parte puedan destruir algunos de nuestros argumentos, no puedan hacerlo con todos. Gráficamente lo podríamos representar así (figura 1).

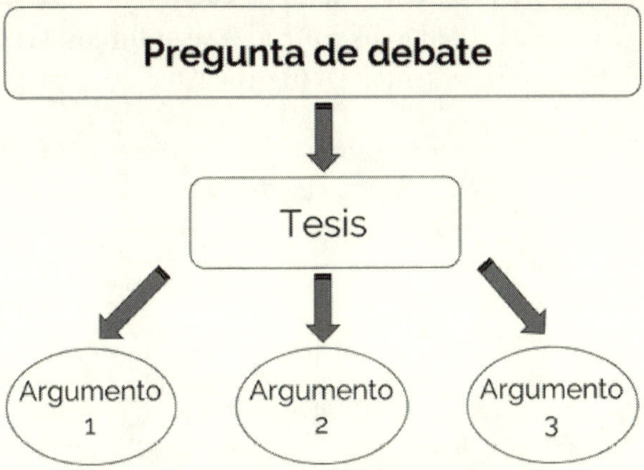

Figura 1. Esquema de argumentación coorientada.

- Argumentaciones coorientadas que se retroalimentan. En este caso tendríamos, al igual que en el anterior, una serie de argumentos que apoyan nuestra tesis, pero si en el caso anterior estos argumentos no tenían relación entre ellos, en este otro nos encontramos que los argumentos van unidos y se refuerzan mutuamente. El problema puede ser que, si el otro equipo destruyera uno de nuestros argumentos, no solo nos desmontaría ese argumento, sino que mermaría también el peso de los otros. Un ejemplo lo podríamos tener en un hipotético debate sobre la necesidad de controlar la población mundial. Ante ese debate, un equipo podría plantear los siguientes argumentos: 1) Existe una superpoblación mundial creciente. 2) Los recursos naturales son finitos. 3) Existe un grave peligro de contaminación, debido a la actividad humana. Estos argumentos se pueden defender de forma independiente, pero es juntos cuando más fuerza cobran, pues si me demuestran que hay superpoblación, que los recursos son finitos o que se están agotando y que el medio ambiente se está contaminando, parecería lógico que hay que controlar la población mundial. Sin embargo, si el otro equipo destruyera mi primer argumento, el segundo perdería mucha fuerza, pues es cuando aceptamos que hay superpoblación mundial cuando se pone en valor el riesgo de que los recursos naturales sean finitos. Gráficamente lo podríamos representar así (figura 2).

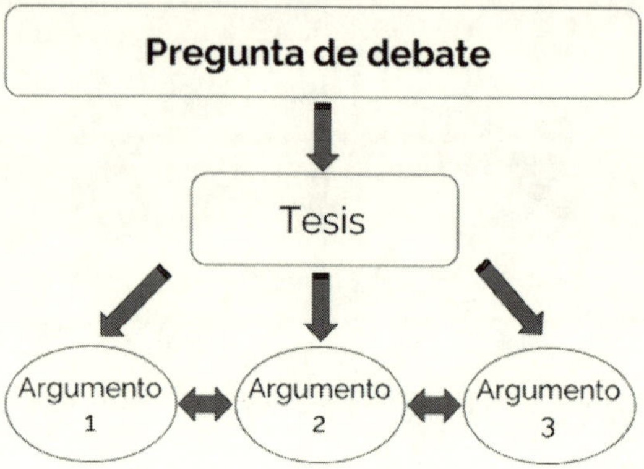

Figura 2. Esquema de argumentación coorientada que se retroalimenta.

- Argumentaciones en cascada. Se dice que hay una argumentación en cascada o concatenada cuando la conclusión de nuestro primer argumento es utilizada como la premisa de partida para la realización de nuestro segundo argumento y la conclusión de nuestro segundo argumento es usada como primera premisa de nuestro tercer argumento. El peligro de estas argumentaciones es que son tan fuertes como el eslabón más débil de la cadena, debido a que si rompen uno de los pasos argumentales, todo lo que viene después se derrumba. Veamos un ejemplo:

Tesis: «Estados Unidos debería ser invadido militarmente».

1. Argumento: La pena de muerte es una violación de los derechos humanos.

P.1. La pena de muerte supone la ejecución de una persona.

P.2 La ejecución de una persona atenta contra el derecho a la vida.

P.3. El derecho a la vida es un derecho reconocido por la carta de derechos humanos.

C. La pena de muerte atenta contra los derechos humanos.
Evidencia hipotética: Resolución de Amnistía Internacional.

2. Argumento: Los países que atentan contra los derechos humanos no son democráticos.
P.1. La pena de muerte atenta contra los derechos humanos.
P.2. Los países democráticos cumplen los derechos humanos.
P.3. Los países que tienen la pena de muerte atentan contra los derechos humanos.
C. Los países que atentan contra los derechos humanos no son democráticos.
Evidencia hipotética: Democracy Index.

3. Argumento: Estados Unidos debe ser invadido militarmente.
P.1. Los países que atentan contra los derechos humanos no son democráticos.
P.2 Estados Unidos tiene implantada la pena de muerte.
P.3. La pena de muerte atenta contra los derechos humanos.
P.4. Estados Unidos atenta contra los derechos humanos.
P.5 Estados unidos no es un país democrático.
P.6 Los países no democráticos son enemigos de la democracia.
P.7 Los países enemigos de la democracia deben ser invadidos para garantizar la democracia.
C. Estados Unidos debe ser invadido militarmente.
Evidencia hipotética: Informe de Human Rights Watch.

Este es un ejemplo de argumentación concatenada o en cascada. Se trata de un tipo de argumentaciones muy atractivas pero muy frágiles, pues, si se demuestra que un salto es falso o débil, todos los pasos siguientes caerían. Si con esta línea el otro equipo refutara la P.7 del tercer argumento, diciendo que los países enemigos de la democracia no deben ser invadidos porque la invasión produce más daño que el remedio que tratamos de aportar, en principio mi línea quedaría debilitada por no haber probado mi tesis principal, «Estados Unidos debe ser invadido militarmente», pero aun así podría ganar el debate por haber demostrado muchos puntos intermedios. Sin embargo, si el otro equipo refutara la P.3 de mi primer argumento, diciendo que no es una violación de los derechos humanos en tanto que es la ONU la encargada de velar por el cumplimiento de tales derechos y la ONU no ha reconocido la pena de muerte como una violación de los mismos, aunque sí lo haya hecho Amnistía Internacional; en tal caso, se caería mi primer argumento y arrastraría a mi segundo y a mi tercer argumento. Gráficamente lo podríamos representar así (figura 3).

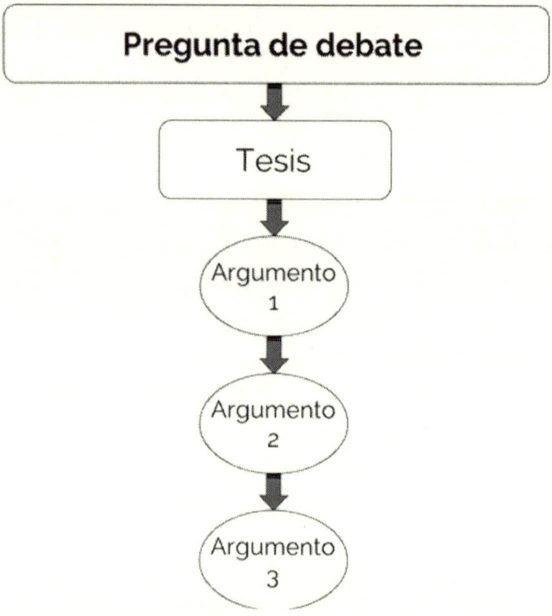

Figura 3. Esquema de argumentación en cascada o concatenada.

Nuestra recomendación sería tratar de usar solo argumentaciones coorientadas, ya que, al ser el debate una confrontación donde nuestros argumentos van a ser contestados y pudieran resultar refutados, es importante garantizar que, si uno de ellos cae, se puedan seguir teniendo opciones de ganar el debate. Es importante, sin embargo, conocer tanto las líneas coorientadas que se retroalimentan, como las argumentaciones concatenadas o en cascada. En el primer caso, porque si identificamos una línea coorientada que se retroalimenta en la línea del otro equipo, podemos tratar de derribar el argumento que más sustente a sus otros argumentos y, en caso de identificar en el otro equipo una argumentación concatenada, porque podemos tratar de romper el eslabón más débil de la cadena, preferiblemente alguno que esté situado en el principio de la argumentación, para que arrastre al resto de argumentos.

Hay otra serie de elementos a tener en cuenta a la hora de crear líneas argumentales sólidas. Procedemos a citar y explicar los más importantes:

- ATINGENCIA. Llamamos atingencia a la relación que existe entre los argumentos y la tesis o entre la tesis y la pregunta de debate. Un error muy típico en los debates políticos es confundir el deber con el poder. Por ejemplo: si enfrentáramos un debate sobre «¿deberían los catalanes poder votar en un referéndum?», y un equipo realizara una línea que se basara en que no pueden votar, el otro equipo estaría en la razón si les acusara de que demostrar que algo *no se puede* no es razón para aceptar que algo *no se debe*; deber y poder son cuestiones diferentes y, por lo tanto, es inatingente en este debate plantear que los catalanes no pueden votar.
- IMPACTO. Llamamos impacto a la relevancia que algo tiene en cierta situación. El impacto no nos dice nada acerca de la veracidad o no de un argumento. Un argumento puede ser totalmente cierto y sin embargo tener poco impacto. Por ejemplo: En un debate sobre la tauromaquia, un equipo podría defender un posicionamiento a favor en base a que soporta toda una «industria», de la que depende el trabajo de un número determinado de familias. Frente a ello, el otro equipo podría aceptar casi todo el argumento y plantear que, aunque es cierto que proporciona trabajo a familias, el número de personas implicadas es tan reducido que no parece una razón de peso para posicionarnos a favor de la tauromaquia.

- NECESARIEDAD. La necesariedad nos dice que algo debe pasar siempre que se den las circunstancias que se relatan; algo es necesario cuando sin ello no podría ocurrir cierto efecto. La necesariedad es, por definición, absoluta, de manera que, si algo es necesario, debe ocurrir siempre que se den las mismas circunstancias y, por tanto, si el otro equipo demuestra un solo caso en que eso no es así, desmontaría toda la argumentación basada en ella, en la necesariedad. Este es el gran problema de las líneas que se basan en la necesariedad: o estamos totalmente convencidos de que no van a poder demostrar ningún caso en que no es así, o es mejor entonces plantear la cuestión en términos de probabilidad. Si decimos que probablemente algo mejore o empeore con cierta política, no tendremos miedo a que se caiga nuestra línea si el otro equipo saca un caso concreto que vaya en la dirección contraria. Así pues, hay que ser precavidos con este tipo de recursos. Veamos un ejemplo:

  En un debate celebrado en Galicia en el 2016 se planteó la siguiente pregunta: «¿Se deben contar, siempre, las infidelidades en una relación de pareja?». El equipo en contra lo tuvo muy fácil ya que lo único que tenía que hacer era demostrar un solo caso en que no se debía contar la infidelidad, ya que la pregunta planteaba la necesidad de contar la infidelidad si se había producido. Planteó el problema de las mujeres maltratadas y cómo contar en esas circunstancias la infidelidad podría tener letales consecuencias para la mujer, por lo tanto, los perjuicios eran mucho mayores que los posibles beneficios.

- INSULACIONES. Llamamos insulaciones a una contestación de nuestros propios argumentos, adelantando o proveyendo una futura refutación. Este recurso es interesante si sabemos que alguno de nuestros puntos va a ser contestado con seguridad, pero hay que tener cierta precaución, pues podemos darle al otro equipo alguna idea o línea de refutación que a ellos no se les hubiera ocurrido. Ejemplo: En un hipotético debate sobre la tauromaquia, el equipo a favor esgrime que los toros bravos podrían desaparecer sin la tauromaquia, por tratarse de una raza artificial que no existe en la naturaleza; momento en el que podrían añadir: «Ya sé que el otro equipo podrá argumentar que no se ha demostrado que los toros no puedan vivir en la naturaleza, pero es lógico pensar que si esta raza no existe hoy en la naturaleza, su adaptación a ella puede ser difícil y, además, el entorno humano que rodea a las zonas naturales podría verlos como amenazas peligrosas».

¿SABÍAS QUÉ?

Existen unos principios éticos en un debate. Van Eemeren y Grootendorst proponen los siguientes:

1. ESCUCHAR	ESCUCHA ATENTAMENTE A TU OPONENTE: evita malinterpretar o deformar sus argumentos, pues eso disminuirá la calidad del debate.
2. DAR RAZONES	DEFIENDE TU PUNTO DE VISTA CON PRUEBAS: nunca afirmes algo porque sí, ni traslades la carga de la prueba a tu rival (cada uno es responsable de probar con argumentos aquello que afirma).
3. RESPONDER	RESPONDE A LAS OBJECIONES DE TU OPONENTE: si rehúyes una cuestión porque te parece más débil para ti, estarás estropeando el debate, además de que quedarás en evidencia. Prepara bien tu debate, y si tienes que reconocer una debilidad, no pasa nada, el debate nunca se gana por 10 a 0.

4. RELEVANCIA	TRATA DE SER RELEVANTE: no rehúyas el tema de fondo, ni te alejes de la cuestión planteando otras que no vienen al caso. Tus razones deben ser sólidas y adecuadas para la conclusión que defiendes.
5. SUFICIENCIA	APORTA RAZONES SUFICIENTES: no basta con poner algún ejemplo o anécdota, tus razones deben ser suficientes en cantidad (al menos dos o tres) y calidad (ser suficientemente fuertes y no caprichosas) para apoyar tu tesis.
6. CLARIDAD	ESFUÉRZATE EN SER CLARO: define tus términos principales si es necesario, evita expresiones ambiguas o confusas. Procura que tu voz se escuche con claridad.
7. VERDAD	TRATA DE BUSCAR LA VERDAD: no digas algo si crees que es falso, evita las falacias y cualquier estrategia que busquen contaminar el debate (desprestigiar al rival, por ejemplo).
8. JUEGO LIMPIO	JUEGA LIMPIO: respeta los turnos, evita gestos o expresiones groseras o fuera de tono. Respeta la labor del moderador, y los jueces. Reconoce la victoria de tu oponente y pregunta, en caso de duda, los motivos de tu derrota, con educación.

CAPÍTULO 6
DESTRUCCIÓN DE LÍNEAS ARGUMENTALES

«Una falacia es un argumento que lo parece».
Aristóteles

Es quizás la parte más divertida del debate, la más espectacular de ver, la que más engancha y, sin embargo, es bastante más sencilla que la parte constructiva (ya se sabe que destruir siempre es más fácil que construir algo). Es frecuente ver a buenos refutadores en los torneos de debate, pero no tanto encontrar equipos que construyan buenas líneas argumentales. Con todo, es donde está la «chicha» del debate lo que le da emoción.

Pero vayamos a lo concreto: Son los segundos refutadores los que normalmente tienen la mayor carga refutativa del equipo y también, junto al primer refutador, los únicos a los que el otro equipo puede preguntar durante el debate, lo que les obliga a ser rápidos de reflejos y tener cintura para ser capaces de adaptarse a cualquier situación. Las refutaciones son las intervenciones más improvisadas, entendiendo que en la mayoría de ocasiones los refutadores no conocen la línea argumental del rival y, por tanto, deben pensar las refutaciones durante el desarrollo del propio debate.

Refutar es atacar y constituye un campo tan amplio que es difícil de estructurar. La mayoría de equipos no diferencia ni matiza partes dentro de la refutación, bajo la convicción de que todo lo que es ataque es refutación. No obstante, para alguno de los mejores teóricos, como el profesor Huberto Marraud, no es lo mismo refutar que recusar. La recusación sería, según Marraud, la objeción que se pone a algún elemento de una argumentación, de modo que no se niega la verdad de la misma, sino que simplemente se le ponen *peros* en base al impacto, la necesariedad o la atingencia, consiguiendo así disminuir el valor de los argumentos, bien por no estar relacionados con el tema de debate, bien por no tener suficiente transcendencia o por no ser necesario que pase esa cosa en todos los escenarios. Recusar, en este sentido, es más sencillo que refutar y dispone de más recursos para su desarrollo.

La refutación se diferenciaría de la recusación en que es una argumentación antiorientada, totalmente contraria a la que se ha presentado por la otra parte, por lo cual, si demuestro la mía, estoy demostrando el contrario de la otra y, por lo tanto, anulándola. Es decir, la refutación se basa en el principio lógico de no contradicción: Algo no puede ser «A» y «no A» al mismo tiempo.

Una vez que tenemos claros los distintos tipos de ataque que podemos realizar, tenemos que pensar a dónde dirigirlos. En principio y yendo de lo más general a lo más particular, tendríamos:

- Podemos atacar los términos de debate que ha propuesto el otro equipo si entendemos que con esos términos se cierra mucho el debate o que el otro equipo realiza una labor autocomprobatoria (los términos usados le dan la razón casi necesariamente). Analicemos un debate que ocurrió en el Campeonato Mundial Universitario de Debate en Español celebrado en México en el 2014, con la pregunta: «¿Se deberían hacer públicos los nombres de los enfermos de VIH para minimizar las relaciones sexuales de riesgo?». Un equipo que defendía la postura a favor definió la relación sexual como una relación sin medidas de protección. Tal equipo estableció así que toda relación es necesariamente una relación de riesgo y, por tanto, realiza una definición que tiende a lo autocomprobatorio pues entonces la medida de publicitar los nombres de los enfermos de VIH resultaría como la única medida de prevención y protección posible contra esta enfermedad. En este caso estaría justificado atacar los términos propuestos por el equipo. Con todo, hay que ser cuidadoso y no centrar todo el debate en refutar los términos, pues los debates terminológicos suelen ser farragosos, poco atractivos y pueden terminar por aburrir a los jueces, quienes por otro lado se percatan fácilmente cuando un equipo abusa de esta estrategia. Podría suceder que los términos planteados por el otro equipo dejen sin espacio argumentativo a mis argumentos, por lo cual es necesario plantear los propios y expresar las objeciones que se aprecian en las definiciones del otro equipo que justifica la nueva propuesta. Si esto no es aceptado, es mejor seguir el debate y dejar claro que, aunque el otro equipo debata con sus términos, nosotros lo haremos con los nuestros pues nos parecen mejores por x motivos. Esto lo he podido comprobar en un debate sobre el aborto en el que los dos equipos querían imponer sus definiciones. Al final todo el debate se centró en si los términos de uno eran mejores que los del otro y no se desarrollaron los argumentos, esto hay que evitarlo a cualquier precio.

- Otra área que podemos atacar es la tesis planteada por el otro equipo, aunque en la mayoría de casos es tan implícita que no suele ser necesario. La mayoría de críticas que se suelen realizar sobre una tesis de debate suelen estar centradas en la falta de atingencia con la pregunta planteada o quizás en la visión reduccionista que dan a la pregunta planteada. Pero hay casos en los que un equipo puede traer una tesis de debate innovadora y arriesgada que nos puede dejar fuera del debate o que si es aceptada le va a facilitar en exceso la demostración de sus argumentos, en estos casos es importante recontextualizar la pregunta y el tema debatido y explicar por qué esa tesis no debe ser aceptada. Hecho esto, seguimos con nuestro debate. En el ejemplo antes visto del debate sobre el proyecto europeo (que hemos recogido en el apartado de tipos de exordio sobre preguntas retóricas) el otro equipo debió haber defendido que la palabra *proyecto* no tiene hoy en día la misma significación que cuando se hablaba el latín y que, por lo tanto, defender que la Unión Europea es un antiproyecto era desarrollar el debate con unas concepciones anacrónicas de los términos.

- Son los argumentos los que normalmente reciben la inmensa mayoría de críticas. De un argumento podemos criticar la premisa de la que parte, pues -como ya explicamos antes- si está mal planteada, todo su argumento se cae. Podemos atacar también las relaciones de inferencia o deducciones de su argumentación, planteando que no es necesario que de esa premisa se deduzca la siguiente. Y podemos atacar las evidencias que se han usado para apoyar la argumentación, centrándonos en la fuente, en el año de publicación, en la posible ambigüedad de la evidencia, en la atingencia entre la evidencia y la argumentación y, por supuesto, en la negación de la evidencia argumentada por la existencia de evidencias contrarias.
- Además de toda la argumentación planteada por el otro equipo durante el debate, podemos atacar también por lo que no se ha considerado en aquella: ¿ha considerado el equipo contrario todas las fases temporales de la pregunta? ¿Ha tenido en cuenta a todos los actores implicados? ¿Ha centrado el debate solo en la parte teórica o solo en la parte práctica?
- Por último, nos quedaría hablar de las falacias. Las falacias son pseudoargumentos que parecen tales, de hecho, Aristóteles define *falacia* como «un argumento que lo parece», dando a entender que de argumento solo tiene la apariencia, pero no la realidad. Las falacias encierran errores en su desarrollo lógico, de modo que un argumento que integre una falacia no podrá ser considerado un argumento y, por lo tanto, debe ser rechazado. La dificultad al tratar con las falacias radica en ser capaz de identificarlas correctamente, ya que no vale decir que todo es una falacia, sino que es necesario, cuando la detectemos, explicar cuál, cómo, por qué, dónde se produce la falacia y qué importancia guardaba con relación a su línea argumental. Así enfocada, la constatación de una falacia puede arruinar la línea

argumental de un equipo; pero insisto: no basta con decir que existe una falacia y no decir ni cuál, ni cuándo se produce, ni por qué, ni dónde, ni qué daño causa esa falacia, ya que en ese caso, además de suponer la pérdida de una ocasión fundamental para una eficaz recusación, suele ser también una pérdida de tiempo, pues los jueces tienden a ignorarla.

TIPOS DE FALACIAS

1. Falacias en las que se atribuyen arbitrariamente las cualidades de una parte al todo o viceversa

- *Ad hoc*: Se trata de la utilización de un caso para sostener un razonamiento, cuando se trata de algo puntual que no sirve para explicar otras situaciones. Ej.: «España es un país racista. Si no me creen, visiten El Ejido».
- Evidencia anecdótica: Se utiliza como explicación de una situación una circunstancia que puede ser casual. Ej.: «Rompió un espejo y esa misma tarde tuvo un accidente».
- Falacias de la composición: Cuando se concluye que una propiedad compartida por un número de cosas en particular también es compartida por la suma de estos entes. Ej.: «El Real Madrid es uno de los mejores equipos de la liga española, ya que todos sus jugadores son grandes estrellas». En este caso, la conclusión puede ser cierta, pero si se razona de otra manera, por ejemplo utilizando como prueba el número de partidos que han ganado.
- Generalización precipitada: Cuando se forma una regla general examinando solo unos pocos casos específicos que no son representativos de todos los posibles. Dentro de este tipo de falacia se encuentran los estereotipos. Ej.: «Los matrimonios en

que hay gran diferencia de edad no pueden funcionar, conocemos casos que lo demuestran».

- Falacia de la división: Consiste en asumir que la propiedad de algo debe aplicarse a sus partes (al contrario que la falacia de la composición).
- Generalización amplia (*dicto simpliciter*): Se produce cuando una regla general es aplicada a una situación en particular, pero las características de este caso hacen que la regla general no sea aplicable.

2. Falacias en las que, sobre la base de una analogía, se atribuye a una de las partes características de la otra que no tienen que ver con la comparación utilizada

- Analogía extendida: Es asumir que la mención de dos o más situaciones diferentes en un debate sobre una regla general constituye una afirmación de que esas situaciones son análogas entre sí. Ej.: «Al estar en contra de la inmigración, ustedes están adoptando la misma postura que los grupos de extrema derecha».

3. Falacias basadas en suposiciones en relaciones causa-efecto

- Afirmación del consecuente: «A implica B, B es verdadero, luego A es verdadero». Ej.: «La energía nuclear produce electricidad. La electricidad es necesaria, luego la energía nuclear es necesaria».
- Negación del antecedente: «A implica B, A es falso, luego B es falso». Ej.: «Si está nevando, entonces hace frío. No está nevando, luego no hace frío».
- *Post ergo propter hoc*: Se asume algo como causa simplemente porque ha ocurrido antes. Ej.: «Las ayudas del Gobierno a los agricultores han producido un aumento de la producción

este año» (cuando la causa verdadera han sido las condiciones climatológicas).

- *Cum hoc ergo propter hoc*: Consiste en afirmar que porque dos eventos ocurren al mismo tiempo deben estar causalmente relacionados. Se ignoran así otros factores que pueden ser la causa de los eventos. Ej.: «Muchos consumidores de alcohol tienden a ser maltratadores y muchos maltratadores son consumidores de alcohol. Por lo tanto, el consumo de alcohol puede causar problemas de maltrato».

4. Falacias que apelan a una fuerza que apoya el argumento, aunque dicha fuerza no puede aceptarse como evidencia válida

- *Argumentum ad numerum*: Afirmación de que cuanta más gente crea en una proposición, más posibilidades tiene de ser cierta. Ej.: «Usted está diciendo que este programa de televisión es una estupidez, pues sepa que está llamando estúpidos a seis millones de espectadores».
- *Argumentum ad populum*: Intenta ganar la aceptación de una afirmación apelando a un grupo más grande de gente. Es lo que habitualmente se conoce como demagogia.
- *Argumentum ad verecundiam*: Usa la admiración hacia un personaje famoso para tratar de obtener respaldo para una afirmación (por ejemplo, cuando se utiliza el testimonio de un tertuliano en un programa de radio, que constituye simplemente una opinión). No tiene nada que ver con el argumento de autoridad, en el que se recurre a los conocimientos de un experto como prueba de argumento.
- *Argumentum ad misericordiam*: Cuando se apela a la piedad para que se acepte una conclusión. Ej.: «En un debate acerca de la necesidad de la intervención de las tropas de la OTAN en Libia, el equipo a favor expuso: 'Imagínense que sobre esta misma

mesa un soldado estuviese violando a una mujer, ¿no harían nada para evitarlo?'».

- *Argumentum ad crumenam*: Razonamiento que se basa en la premisa de que el dinero es un criterio de corrección. Ej.: «La sanidad privada es de mayor calidad, ya que sus profesionales están mejor pagados».
- *Argumentum ad lazarum*: La opuesta a la anterior, basada en la asunción de que los pobres son más íntegros y virtuosos que los que tienen más dinero. Ej.: «Las medidas que propone el equipo a favor solo beneficiarán a los más ricos, cuando son las clases trabajadoras las que realmente lo merecen».
- *Argumentum ad novitatem*: Cuando se supone que algo es mejor o más correcto porque es más nuevo. Ej.: «Los avances tecnológicos siempre nos traerán una mejora a la sociedad».
- *Argumentum ad antiquitatem*: Al contrario que la anterior, es la declaración de que algo es correcto o bueno porque es antiguo o porque siempre ha sido así. Ej.: «Recuperar los valores morales de nuestros padres es la única solución para la crisis de identidad que atraviesa la juventud».
- *Argumentum ad baculum*: Argumentación basada en una posición de fuerza para obligar a aceptar una conclusión (esto es lo mismo que presionar o amenazar). Ej.: «Tienes que hacer lo que yo te diga».

5. Falacias en las que no existe correspondencia de los argumentos con la cuestión que se debate o de las distintas partes de la argumentación entre sí

- Falacia de la interrogación o de la presuposición: Supone dar una respuesta exacta a una pregunta diferente a la que se ha formulado (muy frecuente en los famosos, los políticos y los abogados).

- *Non sequitur*: Razonamiento donde la conclusión es obtenida a partir de premisas que no están conectadas con ella. Ej.: «Los hábitos alimentarios son muy diferentes de unas culturas a otras, por lo que podemos afirmar que es imposible implantar un programa de conciencia social a nivel mundial».
- Conclusión irrelevante: Consiste en afirmar que un razonamiento sostiene una conclusión determinada cuando en realidad no tiene nada que ver con la conclusión.
- Falacia del medio no distribuido / falacia «a se basa en b»: Se produce cuando se intenta afirmar que las cosas son similares en cierta forma pero en realidad no especifica en qué.
- Pendiente resbaladiza: Consiste en asegurar que si ocurre un hecho, otros hechos peligrosos o negativos ocurrirán igualmente.
- Pez rojo: Cuando un orador introduce material irrelevante en el debate para distraer la atención hacia una conclusión diferente. Ej.: «En un debate sobre los avances en ingeniería genética un orador del equipo en contra mostró en sus conclusiones unas imágenes de las deformidades provocadas por el escape radiactivo de Chernobyl, buscando un golpe de efecto que provocara rechazo ante cualquier tipo de avance científico. Este material no era relevante para la cuestión que se trataba».
- «El hombre de paja»: Se compara la postura del contrario con una posición que es fácilmente atacable. Se destruye el ejemplo para concluir que la postura original también ha sido destruida.
- *Tu quoque*: Ocurre cuando uno argumenta que una acción es aceptable porque su oponente también lo hizo.

6) Falacias basadas en errores técnicos

- *Petitio principii*: Tiene lugar cuando las premisas son por lo menos tan cuestionables como la conclusión alcanzada. Esta falacia es una de las más importantes.

- Anfibología: Las premisas utilizadas en un razonamiento son ambiguas debido a una formulación descuidada o gramaticalmente incorrecta.
- Reificación: Cuando un concepto abstracto es tratado como algo concreto. No tiene nada que ver, o casi nada, con el concepto marxista.
- *Circulus in demostrando*: Asumir como premisa la conclusión a la que se quiere llegar.
- *Argumentum ad logicam*: Cae en este tipo de falacia el orador que argumenta que la propuesta del equipo contrario es falsa porque ha sido presentada como la conclusión de un razonamiento falso (la cosa es que razonamientos falaces pueden llegar a conclusiones veraces). Lo que debe hacer el equipo contrario es atacar el razonamiento, no la conclusión.

7) Falacias consistentes en realizar afirmaciones o negaciones cuando se carece de pruebas

- *Argumentum ad ignorantiam*: Cuando se dice que algo debe ser cierto simplemente porque no se ha probado su falsedad, o viceversa. Ej.: «Mientras que ustedes no me den una prueba de que no existe vida extraterrestre, nosotros creeremos en esta posibilidad».
- *Non causa pro causa*: Cuando se identifica como la causa de un evento pero realmente no ha sido probada como tal. Ej.: «Hemos visto que cada vez que el gallo canta, sale el sol. Por lo tanto, es el gallo el que hace que salga el sol».

8) Falacias simplistas

- Bifurcación: Cuando un equipo presenta una situación como si tuviera solamente dos alternativas, cuando en realidad existen o pueden existir más (es la falacia del blanco y negro). Ej.:

«La inmigración es la única alternativa para la continuidad del sistema de pensiones».

- *Plurium interrogationum*: Cuando alguien exige una respuesta simple a una cuestión compleja. Por ejemplo, preguntas que se formulan de forma cerrada, que solo aceptan como respuesta un sí o un no, pero cuyo contenido abarca muchos matices.

- *Argumentum ad nauseam*: Repetición constante. Es la creencia incorrecta de que es más posible que una afirmación sea cierta cuantas más veces se escuche.

- *Argumentum ad hominem* (dirigido al hombre): Existen, al menos, dos variedades:

  - Abusivo: Se rehúsa aceptar una afirmación justificando su rechazo mediante la crítica a la persona que la hizo. Ej.: «No creo que una persona de su volumen sea la más indicada para hablar de los hábitos necesarios para llevar una vida sana». Los oradores deben tener cuidado en este punto, ya que además de un razonamiento falaz pueden incu rrir en un comentario discriminatorio u ofensivo.

  - Circunstancial: El orador intenta persuadir a alguien de aceptar una afirmación refiriéndose a las circunstancias particulares de esa persona. Ej.: «Usted mismo ha sufrido la violencia callejera, por lo que tiene que estar de acuerdo conmigo en que un endurecimiento de penas es necesario».

- Falacia de la ley natural: Se trata de hacer una analogía entre una conclusión en particular y un aspecto del mundo natural y luego afirmar que tal conclusión es inevitable porque en el mundo natural es así. Ej.: «La homosexualidad no es una opción aceptable, ya que el fin que la naturaleza establece para la pareja es la reproducción, y es imposible en el caso de personas del mismo sexo».

¿CÓMO FORMULAR Y RESPONDER PREGUNTAS DE DEBATE?

En la mayoría de los formatos de debate existe la posibilidad de formular preguntas o de interpelar al equipo rival. En las preguntas está una de las esencias del debate, pues permiten el intercambio de ideas más inmediato y fomentan, por unos segundos, un auténtico diálogo entre los equipos. El momento en el que se puede hacer una pregunta cambia de modelo en modelo, pero independientemente de eso, conviene que los equipos intercambien ideas y que hagan uso de los turnos de preguntas siempre que les sea posible. Asimismo, también es muy importante que los oradores haciendo uso del turno concedan al menos dos preguntas en cada uno de sus turnos, para, de este modo, mostrar al jurado que no temen enfrentarse a una interpelación directa y que están dispuestos a fomentar el debate y profundizar en el sentido del tema que se esté discutiendo. Al fin y al cabo, como hemos indicado en las primeras páginas de este libro, una de las metas fundamentales de un debate es aumentar el conocimiento del tema que se discute.

Ahora bien, dicho todo esto, resulta importante establecer una serie de realidades obvias a la hora de formular una pregunta durante un debate.

- Concisión. «Más vale quintaesencia, que fárrago», decía Baltasar Gracián. ¿Qué queremos decir con esto? Pues lo evidente, las preguntas deben ser claras, concisas y cortas. Cuanto más larga y extensa sea la formulación de la pregunta, más difícil va a ser entenderla, además de denotar un discurso alambicado que suele ser de poco gusto.
- Aclaratorias. ¿Cuál es el objetivo último de una pregunta en un debate? El objetivo principal debe ser aclarar algún aspecto concreto del discurso del rival o de su línea argumentativa. Una pregunta no debería destinarse a distraer la atención del debate, sino todo lo contrario. La característica de clarificación de las preguntas es recomendable porque es importante esta-

blecer con la mayor precisión posible de qué se está hablando realmente.

- Resaltar las debilidades. Evidentemente, una buena pregunta también persigue destacar los elementos débiles o poco coherentes del argumentario rival. Una buena pregunta puede desmontar la línea de debate de un equipo si esta está poco preparada o es poco precisa, por ejemplo, en el uso de sus fuentes.
- Adelantar los argumentos propios. Una buena pregunta, también, sirve como introducción o anticipación de los argumentos que posteriormente se van a presentar con mayor libertad en nuestro turno de intervención. La respuesta que nos den los rivales puede servirnos para presentar con mayor fuerza nuestros argumentos. La información valiosa que se presenta durante las preguntas puede ser un elemento desequilibrador en un debate igualado. Sobre todo si se sabe hacer de una manera coherente y ordenada. Ello indicará al jurado que se ha prestado atención a las preguntas y respuestas y se ha sabido llevar a cabo un verdadero debate más que una serie de discursos enlatados traídos de casa con poca reflexión o poca disposición a compararlos con las ideas de la postura contraria.

Cómo se responden las preguntas de un debate

Muy bien, ya hemos explicado someramente cómo se deben formular preguntas. El lector avezado habrá descubierto que lo que toca ahora es dedicar algunas líneas a cómo se responden las preguntas de un debate.

- Espontaneidad e improvisación. Responder una pregunta durante un debate requiere cierta improvisación, capacidad de síntesis y sangre fría, si bien esta improvisación debe ser más afectada que real, pues nada debe quedar sin preparar en un debate. Lo normal es que las preguntas de un debate sean como torpedos lanzados a la línea de flotación de nuestra argumentación, por eso hay que saber responder de manera que no nos haga demasiado daño. Hay que responderlas espontáneamente, sin demasiados esfuerzos y aspavientos, porque así mostraremos que estamos familiarizados con todos los recovecos de nuestra línea de argumentación y que entendemos las ramificaciones profundas del debate. Una respuesta clara y contundente reforzará la imagen de seguridad que queremos transmitir como oradores.

- Confianza y seguridad. Los gestos y el tono de voz deben transmitir confianza y conviene responder, como en todo momento en un debate, con cortesía y amabilidad. Por muy agresiva que haya podido ser la pregunta, una respuesta calmada y que vaya al núcleo de la cuestión es lo mejor que podemos ofrecer.
- Concisión. La concisión es también otra característica deseable. A fin de cuentas, también queremos responder aprovechando al máximo el tiempo puesto que aún tendremos más argumentos que presentar en nuestro discurso.
- Preparación. Cuanto mejor preparados estemos para un debate, con mayor facilidad seremos capaces de responder a las preguntas más controvertidas y complejas que nos puedan hacer y lo haremos, además, en menos tiempo. Las ideas deben estar ordenadas en nuestra cabeza.
- Precisión. Si a una pregunta rival se puede responder con un dato preciso, una evidencia fuerte y clara, habremos convertido la pregunta en una salida positiva para defender nuestra postura.

En conclusión, uno se puede preparar largamente un debate, pero nunca estará cubierto completamente frente a las preguntas del equipo rival. Así, el pensar rápidamente y responder con firmeza deben ser dos cualidades fundamentales para superar las interpelaciones del rival.

🕮 ¿SABÍAS QUÉ?

Conviene que cuando se haga la afirmación primera que presenta el argumento, esta no sea aceptada demasiado fácilmente por el auditorio, si es así, lo más probable es que sea poco adecuada para iniciar nuestra argumentación. Así, la primera afirmación debe ser controvertida. Además, la afirmación no debe establecer más de una cosa al mismo tiempo. Es importante mantener la atención del auditorio en un solo asunto al mismo tiempo. Por último, la afirmación tiene que presentarse lo más claramente posible, para ayudar al auditorio con la comprensión de la misma. En resumen, la afirmación debería ser polémica, clara y dirigida a un solo tema a la vez.

El razonamiento debe conectar la afirmación y la evidencia. El razonamiento ofrece las razones que tenemos para apoyar la afirmación del argumento. Justifica por qué la fuerza de nuestras evidencias hace más convincente nuestro argumento.

La evidencia debería configurarse alrededor de datos o hechos verificables. Para un debate, recomendamos cuatro tipos básicos de evidencias: 1) Datos estadísticos. Deben proceder de una fuente verificable y fidedigna. 2) Hechos observables. 3) Ejemplos. Permiten poner de manifiesto en casos concretos, más tangibles, lo que los datos estadísticos suelen aportar de una forma más abstracta. 4) Referencias de autoridad o testimonios de expertos. La clave de este último tipo de evidencias radica en el reconocimiento general de la autoridad empleada. Cuanto más importante sea el personaje, más fuerte será la evidencia.

CAPÍTULO 7
ESTRATEGIAS DE DEBATE

«Sobre cualquier cuestión hay dos argumentos opuestos entre sí».
Protágoras

En este punto se explica qué es una estrategia de debate, cuál es la funcionalidad de las estrategias de debate, cuáles son las diversas estrategias de debate que podemos usar y qué podemos encontrar cuando participamos en torneos de debate, además de algunos consejos para poder afrontarlas con probabilidades de éxito.

Una estrategia de debate es simplemente un plan que aplicamos al debate para tratar de ganarlo. Como en cualquier plan, se trata de adelantarnos a lo que va a pasar, pensando en los posibles escenarios y cómo actuaremos en función de aquello que esperamos. Las estrategias sirven para actuar de una forma racional y sistemática. Sin embargo, la estrategia tiene que ser una herramienta más del debatiente y no nos debemos convertir nunca en prisioneros de nuestra propia estrategia. Es decir, en tanto que la estrategia es un plan que trazamos adelantándonos a lo que en el debate es posible que ocurra, pudiera pasar que, si el debate no se desarrolla conforme a lo esperado, nos sintiéramos perdidos. Precisamente porque nunca es posible predecir todas las situaciones, hay que tener capacidad de reacción y de improvisación.

A continuación, se exponen algunas de las estrategias más comunes y también algunos consejos importantes para aumentar nuestras posibilidades de éxito a la hora de enfrentar un debate.

Esperar del otro equipo la mejor respuesta

Es infinitamente más útil, cuando afrontamos un debate, situarnos en el planteamiento de que el otro equipo es un gran equipo que puede hacer daño a nuestras líneas argumentales. Hay que tratar de pensar que aquel fallo que pensamos que es difícil que sea percatado, va a ser detectado por el otro equipo y plantearse cómo afrontar esa situación. Infravalorar al otro equipo es darle más posibilidades de que nos gane, mientras que sobrevalorarlo es una forma de esforzarnos por dar lo mejor de nosotros mismos, sin que por ello debamos nunca tenerle miedo o dejar que nos intimide.

Plantear una línea argumental sorprendente

Una de nuestras estrategias de debate favoritas consiste en traer al debate una línea argumental diferente a la que trae la inmensa mayoría de equipos. Si asistimos a un torneo de debate, podemos darnos cuenta de que la mayoría de equipos trae líneas argumentales sumamente parecidas. Esto provoca varias cosas:

- En primer lugar, tales líneas son predecibles y la mayoría de equipos lleva refutaciones y evidencias ya preparadas para atacarlas.
- En segundo lugar, los jueces tienden a juzgar muchos debates de forma consecutiva, por lo que al final del torneo suelen estar, hasta cierto punto, cansados de escuchar los mismos argumentos y las mismas refutaciones. Llevar una línea argumental que defienda o ataque la postura de una forma innovadora puede ser una buena forma de descolocar al otro equipo y de captar la atención de los jueces. Esta estrategia es bastante recomendable para aquellos equipos que no tienen una larga trayectoria dentro

del debate y que, frente a equipos veteranos, perderían la mayoría de las veces si hicieran lo que hacen el resto de equipos y lo que el otro equipo espera que hagan. El riesgo de esta estrategia es que nos alejemos del «espíritu de la moción», es decir, del debate que el jurado espera que se desarrolle. Es por ello que, en caso de aplicar esta estrategia, hay que estar totalmente convencidos de que nuestra postura es defendible y que prueba o niega adecuadamente la pregunta de debate. Sun Tzu, en *El arte de la guerra,* plantea un hecho parecido cuando habla de la necesidad de elegir nuestro campo de batalla y de engañar al contrario.

Establecer el campo argumental a través de los términos de debate

Este punto ya lo habíamos comentado en un apartado anterior. Los términos del debate son los que vertebran el propio debate, en tanto que según se entienda que un término significa una cosa u otra, el propio debate cambia. El debate se establece a través de una pregunta, esta pregunta se construye a través de palabras y las palabras significan cosas; dependiendo del significado que otorguemos a las palabras, el debate será uno u otro. Esta estrategia hay que usarla con cuidado, ya que solo funcionará en tanto que seamos capaces de que el otro equipo y el jurado acepten los términos propuestos; es, por tanto, poco conveniente traer términos en exceso extraños o sesgados. Pocas cosas hay más aburridas de ver que un debate en el que solo se polemiza sobre el significado de los términos, lo que suele ocurrir cuando traemos unos términos de debate que nos dan una ventaja, pero que son difícilmente aceptables por el otro equipo. Hay que evitar este tipo de situaciones. La mejor forma en la que he visto desarrollar esta estrategia ha sido utilizando la etimología de los términos del debate. La forma de enfrentar esta estrategia es redefinir los términos de debate o denunciarlos en caso de que nos dejen poco espacio argumental, siempre tratando de evitar situaciones como la antes descrita, ya que es mejor denunciarlos una vez y continuar con el debate, que gastar todas nuestras intervenciones hablando de lo mismo.

Utilizar nuestras primeras intervenciones para construir

Una estrategia bastante efectiva consiste en preparar muy bien los posibles ataques que nuestra línea puede sufrir y las respuestas que vamos a dar. Una vez realizado esto, hacemos una introducción puramente constructiva y una primera refutación con una carga refutativa muy baja, para dejar mucho tiempo a la construcción. Si la estrategia funciona, en nuestras dos primeras intervenciones habremos construido toda nuestra línea y el otro equipo, viendo que no nos decidimos a atacar, empezará a refutar nuestra línea; cuando esto ocurra, empezaremos a contestar a estos ataques con aquello que ya llevábamos preparado. Si lo hemos preparado bien, las respuestas serán fuertes y la imagen que se dará es que el otro equipo no ha realizado un buen ataque y que nuestra línea está perfectamente construida. Una vez conseguido esto, solo queda atacar su línea, que en principio estará menos construida que la nuestra. La estrategia surte efecto porque llevamos al otro equipo a nuestro terreno, más que nada por nuestra preparación. No obstante, el riesgo de esta estrategia radica en que el otro equipo haga lo mismo y se creen dos debates paralelos, que siempre son difíciles de juzgar.

El argumento trampa

Esta estrategia consiste en construir una línea argumental donde dos o tres de nuestros argumentos respondan efectivamente a la pregunta de debate y otro de ellos que sea claramente malo o inexacto. El objetivo de la estrategia es conseguir que el otro equipo se centre en este argumento, que es sumamente criticable, e ignore o pase por encima de aquellos argumentos que prueban de mejor manera la pregunta planteada, si bien el equipo que desarrolle esta estrategia debe abandonar el argumento inexacto en el desarrollo del debate. El riesgo de esta estrategia está en que un juez poco experimentado puede pensar que el error no ha sido premeditado y que, aunque solo hayan refutado una parte de nuestra línea, el ataque o la destrucción ha sido «brutal» y por lo tanto muy efectista.

Las preguntas circulares

Es muy típico que dentro de un equipo haya un orador especialmente hábil; es además bastante común que este orador desarrolle la segunda refutación. Cuando nos enfrentemos a esta situación, podemos desarrollar esta estrategia, consistente en preparar para ese refutador dos o tres preguntas que estén expresadas o construidas de forma muy diferente, pero que hagan alusión al mismo terreno argumental o incluso a la misma cuestión y alternar estas preguntas a lo largo de la refutación o, incluso mejor, siempre que este hábil refutador vaya a avanzar y saltar a otro terreno del debate. Si la estrategia sale bien, conseguimos que el orador gire sobre el mismo punto y, en nuestra siguiente intervención, podremos acusarle de no haber desarrollado las otras áreas del debate. El riesgo de esta estrategia es que el orador no caiga en la trampa y que simplemente desperdiciemos nuestras preguntas.

Reservar el golpe

Puede ocurrir, durante el desarrollo de un debate, que el otro equipo haya basado gran parte de su línea argumental en un pilar fundamental sin el cual necesariamente perderían el debate. En caso de haber identificado bien este pilar y de contar con evidencias o con argumentos antiorientados que lo destruyan, es importante posponer el ataque, ya que si lo realizamos en nuestra primera refutación, le damos tiempo al otro equipo a que se reestructure o reconstruya su línea. Sin embargo, si este ataque lo realizamos en la segunda refutación, tal posibilidad se reduce, en caso de ser la postura a favor, o se anula, en caso de ser la postura en contra (después de la segunda refutación en contra no hay más refutaciones), con lo que las posibilidades de ganar el debate aumentan considerablemente.

Aunque se podría escribir todo un libro abordando las diferentes estrategias que podemos desarrollar en un debate, por motivos de extensión no podemos recogerlas todas. No obstante, me gustaría hacer constar que aquí se ofrecen muchas más estrategias de las que la mayoría de equipos ha desarrollado durante toda su carrera como debatientes y algunas de ellas me consta que son poco conocidas por la mayoría de los actuales debatientes.

Para cerrar este punto, nos gustaría destacar que la mayoría de equipos no planifica una estrategia concreta al afrontar un torneo de debate y que, en caso de hacerlo, en muchos casos se hace por intuición más que por planificación, de modo que preparar bien esta parte puede ser un elemento diferenciador que nos otorgue una clara ventaja con respecto al resto de equipos.

CAPÍTULO 8
JUZGAR DEBATES

«El discurso no es simplemente aquello que traduce las luchas o los sistemas de dominación, sino aquel poder del que quiere uno adueñarse».

Foucault

Juzgar debates es quizás una de las partes más duras y difíciles de las que integran un torneo de debate. En primer lugar, es difícil establecer un criterio de evaluación y no dejarnos llevar por primeras impresiones; en segundo lugar, es difícil determinar un equipo ganador y otro perdedor en ciertos debates donde, a todas luces, el enfrentamiento está empatado; en tercer lugar y más importante, es realmente duro dar por perdido un debate a un equipo que ha desarrollado un gran debate, que se ha esforzado y que ha puesto mucha ilusión en el mismo. No hay nadie más consciente de la subjetividad del debate que el propio juez, quien, una vez terminado el torneo, muchas veces sigue dándole vueltas a los resultados que ha determinado.

Hasta qué punto se trata de una función compleja se refleja en el hecho de que dentro de la comunidad de practicantes y estudiosos del debate existe a su vez un debate irresoluto precisamente sobre la función de los jueces, que hunde sus raíces en los padres de la argumentación moderna, Stephen Toulmin y Chaïm Perelman. Para Toulmin, la argumentación es un procedimiento que sigue unas normas establecidas y que, en caso de desarrollarse de forma correcta, debe ser compartido por todo el mundo. Para Perelman, en cambio, la argumentación parte de consensos generales y estos están determinados por el público al que se dirige dicha argumentación. Estas diferencias, que ya se daban en los años 60 del siglo XX, siguen vigentes en el debate de competición actual, de modo que mientras unos mantienen que se deberían establecer una serie de criterios que hicieran del debate una actividad objetiva, para otros esto es imposible, debido a que implicaría que existe una forma correcta de debatir y otras que no lo son, lo que atentaría contra aquellas escuelas y países que debaten de forma diferente. Lo cierto es que cabe toparse con realidades que responden a ambas posiciones, esto es, con quienes intentan introducir una serie de criterios comunes a todos los torneos, para tratar de objetivizarlos, en la medida de lo posible; y por otro lado, sigue siendo cierto que, con un mismo criterio en la mano, hay jueces que se inclinan por diferentes equipos.

El otro elemento que complica la función de juez tiene que ver con la fuerte irrupción que el modelo de debate British Parliament ha tenido en nuestro país en los últimos años. Este modelo, como ya explicábamos en el apartado dedicado a los distintos formatos de debate, se basa en la argumentación y en la lógica, ignorando cualquier otro aspecto, como el de la forma; esto, llevado al extremo, provoca que haya debatientes sumamente buenos desarrollando argumentaciones lógicas, pero que serían incapaces de dar un discurso público en una situación real, debido a que sus formas son francamente malas. Este planteamiento atenta contra una de las funciones que, para los autores de este libro, tiene el debate, que es la de mejorar nuestras habilidades comunicativas, todas. Aunque en el modelo académico las formas siguen teniendo importancia, esta se ha ido reduciendo en los últimos años (hace diez años las formas eran más importantes que el fondo) y el fondo ha ido ganando cada vez más fuerza, hecho que, planteado con moderación y sentido común, no nos parece mal.

Pero entremos ya en los principios y en la metodología que se sigue para juzgar un debate. En primer lugar, hay un principio fundamental que se debe aplicar siempre que se juzga un debate y es no juzgar de oficio. Se llama «juzgar de oficio» a valorar elementos que no hayan salido en el propio debate, por ejemplo: En un debate en el que el equipo a favor haya cometido una falacia que no ha sido detectada por el equipo en contra, sería juzgar de oficio ignorar ese argumento por este hecho, debido a que el otro equipo en ningún momento lo ha puesto de manifiesto. Lo mismo ocurriría con una argumentación que se basara en datos o hechos históricos erróneos, que no han sido detectados por la parte contraria, pero sí por el jurado. La forma correcta de proceder es no tener en cuenta esto para determinar el resultado y comunicárselo a los equipos durante el *feedback*, con el afán de que puedan mejorar sus líneas de cara a futuros debates.

Un segundo principio que se suele seguir es el de fijar un número impar de jueces. La metodología a seguir cuando se juzga un debate suele ser la de, una vez finalizado, tomarse cinco minutos para revisar nuestras notas y, luego, compartir nuestras primeras impresiones, escuchando también al resto de jueces y razonando el sentido de nuestro voto. Según nuestra experiencia, es conveniente que los jueces noveles se dejen guiar, siempre que lo crean conveniente, por los jueces más experimentados. Una vez efectuada la votación, se rellena la hoja de ítems (ver Anexo VI y también la hoja de evaluación que hemos incluido en el Anexo VII junto con el reglamento de un torneo de debate), cada juez elige al orador que más le ha gustado del debate y se entrega a la organización dicha hoja, tras lo cual se llama a los equipos para darles el *feedback*, que debe ser lo más completo y constructivo posible. En nuestro análisis del debate debemos huir de lo superficial y tratar de valorar todos los puntos que han integrado el debate. La hoja de ítems es una ficha que ayuda a los jueces a repartir los puntos a los equipos y, en aquellos casos en los que el resultado no está claro, a dirimirlo. Los ítems que integran esta hoja están divididos en dos grupos:

A. Forma

Los ítems de forma valoran el cómo se han expresado los oradores. Suelen integrar diferentes apartados, que pueden variar en cada torneo; los más típicos son: contacto visual, dominio del espacio, control de la voz y los silencios, lenguaje variado y apropiado, comienzos cautivadores y finales contundentes, concesión de la palabra, educación, equilibrio del equipo, control del tiempo, etc.

B. FONDO

Los ítems de fondo valoran lo que los oradores han dicho. Los ítems más típicos suelen ser: variedad de argumentos, profundidad de argumentos, diversidad de las evidencias, cantidad de evidencias, calidad de las evidencias, respuesta a las preguntas, si se responde a la pregunta de debate…

Para un más completo acercamiento a este tema, se puede consultar una ficha de ítems prototípica (ver Anexo VI y VII).

ALGUNOS CONSEJOS PARA JUZGAR UN DEBATE

- Hay que evaluar sin tener en cuenta nuestras propias opiniones sobre el tema del debate. Lo único que hay que considerar para juzgar el encuentro es lo que los equipos hayan traído a colación. La tarea de los debatientes no debe centrarse en tratar de cambiar la opinión asentada del juez sobre el tema del debate, sino en mostrar más y mejores argumentos que el equipo rival.
- No hay que dar nada por supuesto, ni es tarea del juez completar lo que los debatientes hayan dejado de decir. Un juez de debate no está ahí para rellenar lo que el orador iba a decir, o lo que debería haber dicho. Lo que los oradores hayan dicho es lo que cuenta y lo único que hay para evaluar el debate.
- Hay que tomar notas de los argumentos principales que empleen los equipos, de las preguntas que se hagan, las respuestas que se den y el resto de elementos clave de la contienda dialéctica.

TOMA DE NOTAS

Sobre la toma de notas convendría detenerse un poco más, tanto para facilitar la labor del juez como para explicar mejor esta tarea de cara a cualquier debatiente.

Es evidente que tomar notas es importante en un debate porque nos permite recordar con mayor facilidad los argumentos esgrimidos sobre el tema en discusión, también nos permite recordar el orden en que estos argumentos se presentaron, cuestión que no debe resultar baladí. Las notas son útiles igualmente para organizar la manera en que vamos a refutar los argumentos rivales, el orden que seguiremos y qué preguntas nos conviene hacer sobre los elementos más conspicuos de la argumentación contraria. La toma de notas de un debate es como el mapa del mismo. Asimismo, la toma de notas puede ayudar tanto a los jueces como a los debatientes a mostrarse más atentos y concentrados en la evolución del debate, podremos prestar más atención al debate.

La velocidad con la que se transmite información en un debate es de tal calibre que, en ocasiones, resulta muy difícil tomar notas al ritmo adecuado. Puede ocurrir en algún caso que no podamos seguir el hilo argumentativo del orador rival o que no hayamos podido escribir alguna idea, dato o argumento. El problema está en que si nos detenemos a pensar qué es lo que ha dicho el compañero debatiente puede llevarnos a perder el hilo o, directamente, confundirnos y llevarnos a perder el resto de los argumentos. No debemos perder la concentración con la toma de notas. De la misma manera, no hay que anotar todo lo que diga cada orador rival. En el caso de que nos perdamos o no nos dé tiempo a escribir algo, debemos continuar con lo siguiente que esté diciendo el equipo opuesto para no perder la línea argumentativa que están presentando.

Existe un buen hábito que permite aprender mucho de la toma de notas tanto propias como de otros compañeros e, incluso, de los jueces. Consiste, simplemente, en comparar nuestras notas con las que hayan tomado los demás participantes en el debate, incluso con miembros del público. Este ejercicio fácil nos permitirá aprender a tomar mejor las notas en el futuro, ver cuáles son las ideas que los demás han apuntado para ver si coinciden con las nuestras. De este modo podremos reflexionar sobre por qué nosotros hemos escrito unas cosas poniendo el énfasis en alguna parte, mientras que otro participante ha podido considerar destacado algo que nosotros hemos descartado por superfluo o baladí.

Veamos un primer ejemplo de cómo se podría valorar un debate. Imaginemos un hipotético debate en el que la pregunta fuera: «¿Se debería realizar un referéndum en Cataluña?». El equipo a favor podría haber traído la siguiente argumentación: 1) Se debe permitir la consulta pues la democracia es la capacidad de los gobernados de decidir sobre su propio futuro. Por lo tanto, un referéndum encaja con los mecanismos de los que dispone una democracia para resolver sus problemas internos. 2) Se debe permitir el referéndum porque la otra opción es la represión del movimiento independentista. La represión del movimiento independentista de los últimos diez años ha hecho que este crezca enormemente. Por tanto, hay que tomar medidas diferentes. 3) Se debe permitir la votación porque es fácil de ganar. Llevamos diez años de ataque al movimiento independentista pero no se ha tratado de ganarle el discurso, por lo tanto sería sencillo desarrollar argumentos que convencieran a la población de que están mejor en España que fuera de ella. Frente a esta línea argumental el equipo en contra podría haber planteado esta otra: 1) No se debe permitir realizar el referéndum en Cataluña porque atenta contra la Constitución española. La Constitución plantea la unidad del territorio nacional. Por lo tanto, no se puede establecer una medida que, de aprobarse, conllevaría la ruptura de nuestro texto constitucional. 2) No se debe permitir la consulta porque atentaría contra todas las disposiciones judiciales que han prohibido que esta se realice. Por lo tanto, permitirla implicaría violar nuestro sistema jurídico. 3) No se debe permitir la consulta porque va en contra de la voluntad de la mayoría de los españoles que son los que conforman el pueblo español. Es en el pueblo español en su totalidad donde reside la soberanía nacional. Por tanto, la soberanía nacional del conjunto de España no se puede situar sobre una parte minoritaria del territorio.

Las refutaciones esgrimidas por los equipos se podrían resumir de la siguiente forma: El equipo a favor plantea que poder y deber son cosas diferentes, que la pregunta hace referencia a si se debería realizar la consulta y no si esta se puede realizar con la ley en la mano. A su vez, el equipo en contra está argumentando por qué no se puede, cuando tendría que haber argumentado por qué no se debe. Por estos motivos, el equipo a favor considera que el primer y segundo argumento del equipo en contra quedan fuera del debate. El equipo a favor considera también que su primer argumento choca frontalmente con el tercer argumento del equipo en contra y que, por lo tanto, demostrando su argumento necesariamente refutan el del equipo en contra.

Las refutaciones del equipo en contra se podrían resumir de esta manera: El primer argumento del equipo a favor no tiene sentido por lo que plantean en su tercer argumento, que, aunque el referéndum sea en sí mismo una medida democrática, deja de serlo cuando se excluye del mismo a la mayoría de la población en la que reside la soberanía nacional. Sobre el segundo argumento del equipo a favor plantean que es difícil demostrar una relación de causalidad entre las políticas represivas del Gobierno y el crecimiento del movimiento independentista. Por lo tanto, nada garantiza que cambiando a unas políticas más permisivas el movimiento vaya a disminuir. Respecto al tercer argumento, defienden que este no es cierto, que a través de la radio, prensa y televisión se viene advirtiendo de muchos de los aspectos negativos que traería consigo la independencia de Cataluña.

Imaginemos que este es el debate al que hemos asistido en calidad de jueces y ahora nos queda determinar el ganador y el perdedor. Tenemos que tener en cuenta que no hay una forma correcta de debatir porque no hay una forma correcta de juzgar debates y ante un mismo debate se pueden aplicar lógicas diferentes y de las lógicas que apliquemos dependerá el resultado del debate. En este caso concreto podríamos posicionarnos con el equipo a favor cuando plantean que dos de los argumentos de la postura en contra responden a la imposibilidad de desarrollar el referéndum y no al deber de hacerlo, si aceptamos esto al equipo en contra solo le quedaría un argumento, el tercero. Aun así, podríamos valorar que el tercer argumento del equipo en contra efectivamente anula al primer argumento del equipo a favor. Por lo tanto desde esta lógica al equipo a favor le quedarían vivos dos argumentos y al equipo en contra solo uno, podríamos seguir valorando y analizar lo dicho por el equipo en contra del segundo argumento del equipo a favor, que no se demostraba que revirtiendo las políticas se fuera a parar el crecimiento del independentismo, pero podríamos aceptar que el equipo a favor ha demostrado que hay relación entre las políticas aplicadas y el crecimiento del movimiento independentista. Por lo tanto, parte o gran parte de este argumento quedaría vivo. Nos queda entonces valorar solo lo dicho por el equipo en contra del tercer argumento del equipo a favor, que era que sí que se había contestado suficientemente el discurso independentista. En este caso vamos a considerar que no ha habido una contestación suficiente, del discurso independentista, como plantea el equipo a favor. De esta forma de evaluar nos quedaría que al equipo a favor le quedan vivos dos argumentos y al equipo en contra solo uno. Podría parecer entonces que la victoria se debería otorgar al equipo a favor, pero aún podríamos valorar si el argumento del equipo en contra tiene más peso que los dos argumentos del equipo a favor. Otra forma de proceder totalmente diferente es plantear que no aceptamos lo dicho por el equipo a favor sobre la diferenciación entre la posibilidad de desarrollar una política y el deber de desarrollarla, que era la refutación que hacía el equipo a favor para excluir los dos primeros argumentos del equipo en contra, aunque en mi opinión personal la refutación es pertinente, se podría considerar que decir esto no era suficiente y que había que entrar en mayor profundidad a desmontar estos dos argumentos. Si lo consideráramos de esta forma, el ganador del debate seguramente sería el equipo a favor. Lo que tenemos que tener claro cuando juzgamos debates es que puede ser normal que entre los propios jueces haya diferencias de opinión y de resultados, pero lo que siempre debemos es guiarnos por razonamientos y lógicas a la hora de dirimir un debate. Además de este tipo de razonamientos, deberíamos considerar todos los aspectos relacionados con la forma, comportamiento y evidencias que en este breve análisis hemos ignorado.

Veamos un segundo ejemplo de cómo podríamos juzgar un debate. En el año 2001 en la final de la Liga de Debate Universitario se enfrentó el equipo de la Universidad Ramón Llull, conformado, entre otros, por Albert Rivera, contra el equipo de la Universidad de Córdoba, conformado, entre otros, por Manuel Bermúdez. La pregunta a debatir fue: «¿Se debería legalizar la prostitución?». Ante esta pregunta el equipo a favor planteó una argumentación parecida a la siguiente: 1) Se debería legalizar porque se mejorarían las condiciones de higiene y seguridad de las prostitutas. 2) Se debería legalizar porque permitiría a las prostitutas estar amparadas por la seguridad social con todo lo que ello conlleva: derecho a paro, baja por enfermedad, jubilación... 3) Se debería legalizar porque es un trabajo como otro cualquiera siempre que se practique de forma voluntaria. Si no es voluntaria se trata de un delito reconocido por la ley. El equipo en contra planteó una línea argumental que, con algunas diferencias, se parecía a la siguiente: 1) Se debería abolir la prostitución porque es dañina para las prostitutas. Es dañina porque sufren terribles secuelas psicológicas. Es dañina porque sufren terribles secuelas físicas. 2) Se debería prohibir la prostitución porque perpetúa un sistema de dominación del hombre sobre la mujer. El cuerpo femenino es objeto de mercantilización situando el dinero por encima de las personas. 3) No se debería legalizar la prostitución porque legalizarla implica legitimarla. Legitimarla implicaría que sea más aceptada socialmente y que acabe siendo una vía de salida económica para un mayor número de jóvenes.

Las refutaciones planteadas por el equipo a favor son las siguientes: Con respecto al primer argumento del equipo en contra, plantean que la mayoría de los efectos negativos que sufren las prostitutas, tanto a nivel psíquico como físico, se debe en gran parte a las malas condiciones en las que se practica la prostitución y que esto mejoraría con la legalización. Con respecto al segundo argumento del equipo en contra, defienden que no están poniendo el dinero por encima de las personas sino la libertad y la capacidad de decidir, sobre una misma, por encima de todo lo demás y acusan al equipo en contra de adoptar una postura paternalista. Con respecto al tercer argumento del equipo a favor, plantean que legitimar la prostitución no supone ningún problema si se considera un trabajo como otro cualquiera.

Las refutaciones planteadas por el equipo en contra serían: Que la prostitución es mala y que esto es demostrable con los numerosos datos que tienen de índice de estrés postraumático, de nivel de consumo de drogas o del importante número de depresiones que afectan a este colectivo. Que la legalización supone un remedio parcial en el corto plazo, pero que muchas de estas secuelas son intrínsecas a esta práctica, sea legal o ilegal, y al legalizarse se extendería la prostitución y por tanto estas secuelas afectarían a muchas más personas. Por lo tanto, aceptan que el primer y segundo argumento del equipo a favor es cierto, en parte, pero que las consecuencias positivas solo se verían en los primeros años, mientras que todas las consecuencias negativas que trae consigo la prostitución se irían viendo a lo largo de los años, ya que conforme esta se vaya extendiendo entre un mayor número de personas también lo harían las consecuencias negativas propias de esta actividad.

Imaginemos que tenemos que juzgar este debate. En tanto que el equipo en contra ha aceptado en parte los dos primeros argumentos del equipo a favor, quedaría por dirimir si aceptamos el tercer argumento del equipo a favor, es decir que la prostitución una vez legalizada sería un trabajo como otro cualquiera o si en cambio aceptamos la argumentación del equipo en contra de que por los índices de depresión, estrés y uso de drogas es una actividad que no puede ser comparada con otro trabajo. Si damos la razón al equipo a favor, en esto, el debate se decanta claramente por esta postura, pues si es un trabajo como otro cualquiera y todo lo negativo que conlleva está asociado a la prohibición, parece claro que legalizando solo se mejoraría la situación existente. Sin embargo, si aceptamos la visión del equipo en contra, que no es un trabajo como otro cualquiera, aún tendríamos que plantearnos si aceptamos la segunda parte de su argumentación, es decir, que legalizando se reduce una parte de las secuelas y efectos negativos de la prostitución, pero no todos y que, además, a la larga, serían más personas las que padecerían estas secuelas al incrementarse la prostitución como consecuencia de la legitimación social que este equipo planteaba. Como analizábamos, ya en el caso anterior, no hay una respuesta inequívoca, sino que, para ambos planteamientos, la victoria del equipo a favor o del equipo en contra, hay lógicas que lo pueden respaldar y por lo tanto pueden dar la victoria a uno u otro equipo.

Veamos un tercer ejemplo. En el 2018 se celebró por parte de la Fundación Cánovas de Málaga su VII Torneo Nacional de Debate Universitario con la siguiente pregunta: «¿Debería España dejar de vender material bélico a países no democráticos?». En este torneo un hipotético equipo a favor podría haber planteado la siguiente línea argumental: 1) Se debería dejar de vender armas a países no democráticos porque no es ético. Los países democráticos están comprometidos con los derechos humanos a diferencia de los países no democráticos. Las armas se destinan a matar a personas y a los conflictos armados. Al ser su uso tan polémico debemos tratar de minimizar este efecto vendiendo armas a países que estén limitados por la carta de derechos humanos. Esta es la única forma de dotar de ética a esta actividad. 2) Los países no democráticos son los peores clientes que un país democrático puede tener. Los países no democráticos suelen violar los derechos humanos. Vender armas a países no democráticos es dotarles de mecanismos para profundizar en la violación de estos derechos humanos. Por tanto, España, como país democrático, no debería vender armas a países que no sean democráticos. 3) A la larga vender armas a países no democráticos es contraproducente. España forma parte de la OTAN. La OTAN muchas veces se ve obligada a intervenir en conflictos donde se están vulnerando los derechos humanos. Si vendemos armas a países no democráticos es cuestión de tiempo que esas armas se vuelvan contra nosotros o contra nuestros aliados, con las pérdidas humanas y económicas que ello conlleva. Por tanto, vender armas a países no democráticos puede ser contraproducente desde un punto de vista económico y humano.

Por la otra parte, el equipo en contra podría plantear la siguiente línea argumental: 1) No es importante el carácter democrático de un país sino lo beligerante que sea. Hay países democráticos que están inmersos en numerosas guerras, con las pérdidas humanas que ello conlleva, como por ejemplo EE. UU. Hay países no democráticos que no suelen usar la vía militar como es el caso de China. Por lo tanto, creemos que el criterio para vender o no armas a un país deben ser las posibilidades de que esas armas sean usadas en conflictos armados, es decir, destinadas a matar gente y no que se vendan en función de la calidad democrática del país al que van destinadas. 2) Los acuerdos comerciales suelen ser el primer paso para establecer relaciones diplomáticas. Las relaciones diplomáticas son importantes porque son elementos de control y de presión en cualquier país y son especialmente importantes en países no democráticos, pues pueden evitar o limitar las violaciones que en estos países se puedan cometer. Esto lo pudimos comprobar con el asesinato de Jamal Khashoggi por parte de Arabia Saudí, donde gracias a las presiones internacionales y a los acuerdos comerciales que tenía con numerosos países democráticos del mundo hizo que este asesinato no quedara del todo impune. 3) Supone una pérdida de puestos de trabajo en nuestro país. La industria bélica supone un importante número de puestos de trabajo. Estos puestos de trabajo están en zonas con altas tasas de paro como Cádiz. Por lo tanto, la pérdida de estos puestos de trabajo sería especialmente dramática en nuestro país.

Ante estos planteamientos el equipo a favor podría plantear las siguientes refutaciones: Sobre el primer argumento del equipo en contra se puede decir que, aunque los casos de China y EE. UU. puedan ser ciertos, se podría estar incurriendo en una falacia de generalización, al declarar que el ejemplo de EE. UU. es el normal dentro de los países democráticos y el ejemplo de China es la norma dentro de los países no democráticos. Por lo que, el equipo a favor sigue defendiendo que es más probable que un país no democrático cometa más violaciones de derechos humanos que un país que sí sea democrático. Del segundo argumento del equipo en contra, atacan que las relaciones diplomáticas se tengan que construir sobre relaciones comerciales de índole militar, que la economía es suficientemente diversa como para que haya muchas opciones mejores que establecer estas relaciones sobre la base de la industria bélica. Acerca del tercer argumento aceptan que es posible que el cese de estas relaciones comerciales tenga un efecto negativo en la economía y en los trabajos que dependen de esta, pero que para el equipo a favor el aspecto ético está por encima del aspecto laboral.

Las refutaciones del equipo en contra serían las siguientes: Sobre el primer argumento del equipo a favor, defienden que la postura ética sería plantear la prohibición de vender armas, porque, primero, los países democráticos pueden iniciar una guerra y no por eso es menos dañina como se pudo observar en el caso de Iraq, donde, además, se violaron los derechos humanos. Segundo, la guerra puede estallar entre dos países democráticos y no por ello es menos lesiva y, tercero, un país aunque no sea democrático tiene también el derecho de defenderse de una agresión externa. Por lo tanto, no es el carácter democrático del país al que se le venden las armas lo que dota de ética a esta actividad comercial. Acerca del segundo argumento esgrimen, en primer lugar, que no se diferencia lo suficiente del primer argumento, además añaden que el peor cliente que un país puede tener a la hora de venderles armas es aquel que más muertos vaya a causar. Inciden en que los casos de EE. UU. y de China no son anecdóticos, pues uno es la primera potencia económica y militar además de ser el país que más conflictos armados genera en el mundo, y China es la segunda potencia económica del mundo y la primera a nivel de demografía. Del tercer argumento del equipo a favor, que era que la venta de armas a países no democráticos puede ser contraproducente, defienden que no tiene sentido pues, aunque nosotros vendamos armas a un país democrático no podemos controlar que este no las acabe vendiendo a un país no democrático y que al final las armas se vuelvan contra nosotros o nuestros aliados, y que nada nos garantiza que no podamos acabar enfrentados con un país democrático, por lo que de nuevo la medida tampoco tendría sentido.

Si hubiéramos presenciado este debate y tuviéramos que juzgarlo, podríamos analizar diferentes escenarios. Si aceptamos la postura del equipo a favor de que un país no democrático es más probable que utilice las armas de peor forma que un país democrático y entendemos que esto hace menos posible un conflicto armado generado por un país democrático, los dos primeros argumentos del equipo a favor quedarían vivos. Aunque diéramos la razón al equipo en contra sobre el tercer argumento del equipo a favor, podríamos analizar que el mayor peso argumental del equipo a favor estaba en sus dos primeros argumentos y si aceptamos estos, el equipo a favor tiene muchas posibilidades de ganar. Si por el contrario no aceptamos que los países no democráticos usen las armas necesariamente peor que los países democráticos como se puede observar con el caso, esgrimido por el equipo en contra, de China y EE. UU. seguramente debamos aceptar que los dos primeros argumentos del equipo a favor se caen y con ellos gran parte de su línea argumental. Por lo tanto, en este debate la clave seguramente esté en si el criterio idóneo para vender armas o no esté en el carácter democrático de los países a los que estas van destinadas y si los ejemplos puestos por el equipo en contra tienen la suficiente envergadura como para invalidar los primeros argumentos del equipo a favor. De nuevo y al igual que en los ejemplos anteriores no hay una respuesta necesariamente correcta y todo dependerá de las lógicas que apliquemos a la hora de juzgar un debate.

No nos gustaría cerrar este capítulo dejando la impresión de que todo es puramente subjetivo, hay debates más fáciles de dirimir que otros. Hay casos donde un equipo ha ganado claramente y es difícil verlo de otra forma. Pero sí queremos dejar claro que juzgar es una actividad abierta a la interpretación y que nuestros esfuerzos tienen que estar dirigidos a captar con atención todos los elementos que integran el debate, establecer un criterio lógico que respalde nuestra decisión y que permita explicarlo luego a los equipos que han tomado parte en esta confrontación dialéctica.

📖 ¿SABÍAS QUÉ?

El primer debate político televisado tuvo lugar el 26 de septiembre de 1960 entre los candidatos a la Casa Blanca Richard Nixon y John F. Kennedy. El 70% de los espectadores que vieron el debate por televisión dio por ganador a Kennedy, sin embargo, el 80% de los que lo escucharon por la radio dio por ganador a Nixon. Este primer debate fue un ejemplo claro de la importancia de la imagen a la hora de conseguir un mensaje más persuasivo. Varios factores pudieron influir en esta percepción de los que vieron el debate por televisión:

1) Por ejemplo, Kennedy accedió a maquillarse y mostró un rostro bronceado y atractivo, sin embargo, Nixon se negó a que lo maquillaran, a esto se le sumó que Nixon debió afeitarse esa mañana bien temprano y a la hora del debate le había salido esa fina capa de barba que algunos hombres tienen y que en algunos fotogramas del debate parece un mal afeitado.

2) Nixon había sufrido una operación de rodilla unos días antes y después de algunos movimientos en los que debía de causarle molestias la cara se le ponía atravesada de dolor y eso transmitió un mensaje algo angustioso a la audiencia televisiva.

3) Parece ser que los asesores de Kennedy lograron subir la temperatura del plató de televisión donde se grababa el debate. Nixon era un hombre corpulento que tendía a sudar cuando pasaba calor y, de nuevo, en algunos fotogramas del programa se veía cómo el sudor perlaba en ocasiones la frente y las sienes del candidato.

En conclusión, tras el resultado del debate, Nixon perdió las elecciones y Kennedy accedió a la presidencia de la Casa Blanca. Desde entonces los asesores políticos y los políticos mismos tienen muchísimo cuidado a la hora de medir la imagen que proyectan a la sociedad. Y de aquellos polvos vienen estos lodos…

CAPÍTULO 9
ORGANIZAR TORNEOS DE DEBATE

«¿Existe la verdad o solo existe la disposición a encontrarla?».
Victoria Camps

Organizar un torneo de debate implica la capacidad de organizar un evento con cierto nivel de complejidad. En principio se necesitan tres grupos humanos indispensables. En primer lugar, obviamente, los debatientes, que son los encargados de protagonizar los debates. En segundo lugar, los jueces, que son los encargados de fallar los resultados de los debates. En tercer lugar, el *staff* y los miembros de la organización, que son los encargados de elegir la pregunta de debate, de establecer los diferentes grupos que compiten en las fases de grupos, de abrir las aulas, de presentar los debates, de cronometrar los tiempos, etc.

El torneo se divide en varias fases, las fases de grupos y las fases eliminatorias o finales. En la fase de grupos, la organización, por sorteo, agrupa a todos los equipos en un número par de grupos. Los equipos debaten contra todos los otros equipos que integran su grupo. En función de lo que decida la organización, de cada grupo pasarán a la siguiente fase uno, dos, tres equipos o el número que hayan decidido. En función del número de grupos establecidos y del número de equipos que se clasifican en cada grupo, se realizarán octavos, cuartos o semifinales. Esta fase es la llamada «fase eliminatoria» y solo pasan a la siguiente ronda aquellos equipos que ganen sus debates. Después de resolver las semifinales, solo dos equipos pasan a la final. Suele ser típico que tanto el equipo campeón como el subcampeón reciban algún tipo de trofeo y, en algunos casos, un premio económico. Al resto de equipos se les reconoce su participación con un diploma.

Al mismo tiempo que se da a conocer el equipo ganador y al equipo subcampeón del torneo, se suele distinguir a un orador, elegido en la fase de grupos, con el premio al mejor orador del torneo, que también suele venir acompañado de un trofeo y, en su caso, de una dotación económica.

Toda la normativa del torneo viene recogida en un reglamento que la organización publica y comparte con los equipos participantes (ver Anexo VII).

Pero veamos con un poco más de detenimiento lo que se espera de cada grupo humano en un torneo de debate.

DEBATIENTES

Los debatientes tienen que debatir. Esta obviedad no está de más, ya que en un buen torneo de debate no hay que pedir a los debatientes que se dedican a disponer las mesas o arreglar los atriles. Los debatientes ya tienen suficiente sobre sí con la batalla dialéctica que les espera.

Si un equipo de debate no tiene que debatir durante una ronda por la razón que fuere, puede y debe asistir a ver cómo debaten los otros equipos que pueden ser futuros rivales, compañeros o amigos. También pueden ver esos debates por mera curiosidad intelectual. Un torneo de debate bien organizado debe tratar bien a los debatientes y, si puede ser, hacer que tengan agua y acceso a los lavabos. A cambio del buen trato que los debatientes van a recibir, estos se deben comprometer a mantener el juego limpio exigible en una disputa de estas características. Al mismo tiempo, los debatientes deben ser respetuosos con los rivales, compañeros, público y jueces. El debatiente, por lo tanto, solo debería tener que ocuparse de debatir

ORGANIZACIÓN

El equipo de organización de un buen torneo de debate es muy variado. Desde el equipo técnico que se ocupa de los emparejamientos en las rondas, hasta los miembros de la organización que se encargan de controlar el cronómetro en la sala de debate. En este organigrama, cada persona cumple un rol concreto y encaja con precisión como el mecanismo de un reloj. Damos ahora unas indicaciones generales ideales, partiendo de la idea de que se dispone de voluntarios suficientes para el evento.

Empezamos por los miembros básicos de la organización. Estas personas deberían ir claramente identificadas, ya sea con una camiseta característica que permita reconocerlos o algún tipo de acreditación que, con un solo vistazo, nos indique que están ahí para ayudarnos. Normalmente los equipos de debate acuden desde diversos lugares de la geografía española o internacional y no tienen por qué conocer las instalaciones donde se van a celebrar los debates. Por eso resulta conveniente tener miembros de la organización claramente identificados que puedan orientar por las salas y pasillos a las personas que lleguen nuevas. Esas personas las dispone la organización tanto para indicar dónde está el baño como para conducir a los debatientes a las salas de debate.

Inmediatamente después tendríamos a los miembros del equipo de organización que están en la sala de cada debate. Un número óptimo para ocuparse de los quehaceres necesarios es dos o tres. En cada sala hay un jefe o jefa de sala que se ocupa de presentar a los equipos, presentar a los jueces, realizar el sorteo de posturas y recordar la pregunta de debate justo antes de que este empiece. El jefe de sala está ahí para coordinar las necesidades organizativas que pueda haber, desde traer botellas de agua para debatientes y jueces hasta vigilar el funcionamiento adecuado del cronómetro. El jefe de sala puede delegar en otro miembro del equipo de organización el control del cronómetro. Este puesto es especialmente delicado, pues el controlador del cronómetro tiene que pulsarlo una vez que el orador comienza a hablar, no antes y, además, debe cambiar los tiempos en función del turno de debate que se esté celebrando, pues no tienen la misma duración las introducciones que las refutaciones o conclusiones. En salas donde el orador tenga dificultad para ver el cronómetro, suele ser útil disponer de otro miembro del equipo de organización para que indique al debatiente mediante señales visuales que ha llegado al último minuto de su turno o realizar una cuenta atrás con los dedos para los últimos diez segundos de la intervención de cada orador.

Otro puesto clave en la organización de un torneo de debate es el que se ocupa de realizar los emparejamientos y controlar los triunfos y derrotas de cada equipo después de cada ronda de debate. En muchas ocasiones es necesario establecer criterios de desempate para determinar qué equipos pasan de ronda. Habitualmente, lo que se suele hacer es incluir una serie de criterios o ítems de evaluación que tienen que rellenar los jueces y que permiten dotar de una nota al desempeño de cada equipo. Esa nota es la suma de los ítems o criterios que, a juicio de los jueces, han logrado los diferentes equipos. Es importante ir contabilizando minuciosamente esas notas porque, a la postre, servirán de elemento determinante para establecer el *ranking* final de los equipos en caso de empate. En general, los miembros del equipo de organización que se ocupan de estas tareas llevan a cabo el sorteo para los emparejamientos en la jornada de inauguración del torneo, de este modo los equipos saben con precisión qué derrotero les va a tocar atravesar para ir avanzando por las diversas etapas del evento. Conviene evitar los errores en la suma de ítems y en la suma de victorias para que más adelante no se produzca ningún tipo de desconcierto a la hora de establecer la clasificación de los equipos.

Quedan dos puestos de la máxima relevancia para explicar en su justa medida el organigrama de un torneo de debate. En muchas ocasiones estos dos puestos se mezclan en una sola persona, pero, si es posible y se dispone de recursos humanos suficientes, lo ideal es que sean personas distintas.

El primero de estos puestos fundamentales es el organizador que se ocupa de nombrar los jueces de cada debate. Es un momento muy delicado pues, como suele ser habitual, los distintos equipos que acuden a un torneo suelen llevar algún que otro juez o jueza para que ayude con las necesarias evaluaciones de los debates. Ahora bien, como resulta evidente, no todos los jueces son adecuados para evaluar a todos los equipos, puede haber algún tipo de roce o enfrentamiento que hay que saber evitar. El miembro del equipo de organización que decida qué jueces van a evaluar qué debates debe tener la delicadeza de elegir los perfectos para cada debate. Como veremos en el siguiente apartado, lo idóneo es que los paneles de jueces estén constituidos por, al menos, tres jueces, de este modo se evita el empate en caso de discrepancia. Ahora bien, el miembro de la organización al que se le asigne esta tarea debe poner los jueces más neutrales y ecuánimes que tenga y, en el caso de que haya alguna duda, emparejar a los equipos de jueces de forma que se encuentre el equilibrio entre ellos.

Por último, debe haber un director de organización. No se trata de que sea el jefe de todo, sino el responsable último, el coordinador clave que esté en contacto tanto con los equipos por si hay un retraso, o se haya roto un atril y sea necesario reemplazarlo o que sepa dónde pedir una llave para acceder a una sala nueva. Este coordinador es una figura fundamental y, de su buen tono y saber hacer, puede depender en gran medida que la organización de un torneo de debate vaya como la seda.

JUECES

Uno de los elementos que diferencian un torneo excelente de uno bueno es la calidad de sus jueces. Los jueces de un torneo de debate son la figura capital, el grupo más importante (obviamente después de los debatientes, que son para los que se organiza un evento de estas características). De su ecuanimidad y neutralidad, a la vez que de su capacidad de análisis de lo que acontezca en un debate, va a depender directamente el triunfo o el fracaso de un torneo de debate. Los paneles de jueces suelen disponerse, como hemos indicado en el apartado anterior, de, al menos, tres jueces, para, de esta forma, evitar cualquier posibilidad de empate en la votación posterior a la deliberación. En algunas ocasiones, algunos torneos de debate han introducido la figura del juez observador o juez *junior*, sobre todo en aquellos casos en los que el juez carece de experiencia y quiere aprender el proceso de evaluación de un debate de la mano de otros jueces con más experiencia. Este juez asiste al debate, participa en la deliberación del jurado e incluso aporta su granito de arena en la evaluación posterior a los equipos, pero no tiene voto. Posee voz pero no voto, de modo que no participa en el resultado final del debate.

En un mundo ideal, los jueces de un torneo de debate serían especialistas en debate sin vínculos con ninguno de los equipos que participen en el torneo, pero esto ocurre en muy pocos eventos de debate, ya que es muy frecuente que los jueces de debate hayan sido ellos mismos debatientes y tengan ciertos contactos con los equipos de debate de las diversas instituciones.

La labor de un juez es ardua. Debe prestar atención detallada al contenido que se vaya desarrollando durante el debate, tomar nota de los argumentos y contraargumentos que se presenten, atender si se conceden preguntas y si hay respuestas oportunas, de que los debatientes se ajusten al tiempo, de las fuentes de los argumentos que presentan, etc.

Ningún juez es infalible y a todos nos puede pasar que nos distraigamos unos segundos, pero esto, en un debate, puede provocar una grave injusticia, porque no se haya prestado atención a algún contenido fundamental para el desenvolvimiento de alguna línea argumental o para la presentación de alguna idea importante. Así, a los jueces tenemos que pedirles la máxima atención y tensión durante un debate. Además, en general, en un buen torneo de debate los jueces tienen que rellenar un acta tras cada encuentro para evaluar lo que, según su opinión, allí haya ocurrido.

Uno de los momentos más importantes de un debate y que debe ser puesto justamente en valor en nuestro tiempo es el único momento en el que un juez toma cierto protagonismo: la evaluación o *feedback* con los equipos tras el debate. Este es el verdadero momento clave de un debate. Como indicamos en páginas anteriores, un debate es un proceso de aprendizaje que nos conduce desde la ignorancia a la comprensión y los resultados de este proceso tienen que medirse en función del aumento del saber, del incremento del conocimiento y de la comprensión del tema que se debate. Los debatientes deben aprender a valorar en su justa medida la importancia de una buena evaluación llevada a cabo por unos buenos jueces.

Tras el debate los equipos se retiran de la sala y el panel de jueces se queda deliberando. Durante la deliberación los jueces intercambian pareceres sobre lo acaecido en el debate que, como toda pugna dialéctica, exige una férrea capacidad de análisis y comprensión profunda. Tras la deliberación los jueces reciben de nuevo a los equipos y les comentan lo que han visto en el debate. Esta parte es importantísima, sobre todo porque los debatientes, desconcertados aún por la briega dialéctica y perdido en parte su sentido autocrítico por las propias características del debate, van a tener la oportunidad de contemplar desde una lente no distorsionada la imagen que han proyectado durante los treinta y cuatro minutos que ha podido durar el encuentro (es la duración estándar de un debate académico). Un buen juez sabe explicar con todo lujo de detalles las fortalezas y debilidades tanto a nivel de equipo como a nivel individual. Los consejos y sugerencias de un juez experimentado pueden ser de inmensa utilidad para los debatientes no solo para un torneo de debate, sino también para la vida misma.

En un torneo ideal, los debatientes deben sentirse libres y cómodos para establecer un diálogo fructífero y enriquecedor con los jueces durante la evaluación de sus intervenciones. Un equipo puede recibir sugerencias que los fortalezcan y, al mismo tiempo, algún orador individual puede corregir algún elemento distorsionador o incómodo que esté presente en un discurso.

Las evaluaciones de los jueces deben ser tenidas en cuenta y aceptadas con deportividad. Los jueces están ahí para ayudar, no para criticar o censurar.

Ahora bien, no podemos ni queremos soslayar uno de los elementos sobre los que periclita todo el ámbito del debate. Las evaluaciones de los jueces son, como todo acto humano, subjetivas, y nunca, nunca, nunca van a satisfacer a todo el mundo. Uno de los errores que muchos equipos de debate cometen frecuentemente es el de no aceptar deportivamente el resultado cuestionando la decisión del juez. El momento de recibir la evaluación de un juez, su veredicto por decirlo con otras palabras, es un momento de aprendizaje y madurez y es necesario encajar estos resultados educadamente. Como suele decir Francisco Valiente, uno de los principales formadores de debate en España, «unas veces se gana y otras se aprende». Pues eso, hay que saber extraer la parte positiva de las evaluaciones de los jueces.

CAPÍTULO 10
CONSEJOS, REGLAS Y AYUDA PARA REALIZAR UNA BUENA INTERVENCIÓN HABLADA

«No permitas que tu lengua corra más que tu inteligencia».
Quilón de Esparta

FORMA

A la hora de organizar la presentación oral de cualquier tipo de actividad hay una serie de elementos que resaltan por encima de todos, y estos son la forma externa que uno le dé al contenido de su trabajo. Antes de pasar al análisis concreto de los elementos básicos que permiten construir un buen discurso, vamos a detenernos en un apartado de cuestiones que es necesario tener en consideración.

Algunas obviedades

Antes de nada, conviene tener en cuenta tres grandes ideas que, no por obvias, son menos importantes: lenguaje correcto, vocabulario amplio y discurso dinámico y ameno.

El lenguaje correcto es imprescindible. Cualquier persona media debería mostrar un completo dominio del lenguaje. No se puede permitir que una persona intervenga en un debate con errores gramaticales graves en su discurso oral, o con incongruencias o torpezas lingüísticas que demuestran graves debilidades intelectuales o de formación. Así, los errores habituales de las conversaciones informales son percibidos de forma especialmente negativa cuando uno se dirige a un foro más serio. De este modo, vemos que es muy importante utilizar un lenguaje correcto y, a poder ser, preciso. Es importante que se traten de evitar los errores, aunque para ello uno deba ensayar previamente muchas veces los contenidos del discurso que se pretende transmitir.

El vocabulario amplio es también muy importante. A mayor riqueza de vocabulario se corresponde mayor comprensión de la realidad, un mundo más amplio y rico y, casi por definición, mayor inteligencia. La mejor manera de adquirir un vocabulario amplio consiste en leer y mantener conversaciones inteligentes con personas, a poder ser, cultas y leídas. Existen en nuestro idioma multitud de palabras que permiten reflejar una idea mucho más real y más compleja de lo que pensamos *a priori*. Es importante que conozcamos un amplio abanico de palabras para poder escoger entre ellas la más oportuna, la más atinada. Parece ser que un estudiante medio en España utiliza una media de unas cinco mil palabras. A ese guarismo queda reducido su vocabulario. En *El Quijote* aparecen veinte mil palabras distintas. Da la impresión de que estamos asistiendo a un empobrecimiento de la riqueza de vocabulario y eso, justamente, es lo que debe evitar nuestro lector. Es básico que antes de cualquier debate se trate de utilizar palabras variadas para expresarse mejor y se las aprenda bien. La precisión terminológica también es fundamental, de modo que recomendamos un buen repaso a los contenidos de nuestras líneas argumentativas, así como no tenerle miedo al diccionario para ampliar el número de palabras que utilizamos y, sobre todo, para entender correctamente sus significados. No hay nada más lamentable en un debate que un debatiente que utilice impropiamente alguna palabra cuyo significado real desconoce. Este tipo de situaciones provocan la impresión de torpeza o ignorancia.

Discurso dinámico y ameno. El jurado de un debate está ahí sentado para evaluar, pero también está ahí para ser entretenido, para aprender y para valorar la competencia intelectual de los debatientes que están a su cargo. En general, a lo largo de una jornada se suceden varios debates durante varias horas. No siempre vamos a tener la suerte de encontrar al jurado descansado, atento y de buen ánimo. Como este extremo es importante tenerlo en cuenta, pues ya sabemos que existe un fuerte componente subjetivo en las evaluaciones, tenemos que ocuparnos de ofrecer un discurso lo más animado y dinámico posible, de ese modo mantendremos la atención y la buena voluntad de los miembros del jurado. Cómo conseguir esto no es fácil, pero, en general, podemos dar la recomendación de buscar la agilidad en la fluidez del discurso, la inclusión de anécdotas o episodios que relajen la tensión, pero siempre de buen gusto y manteniendo las distancias con los miembros del jurado que nos están evaluando. Un discurso es ameno cuando nos cuentan una historia interesante, cuando añade información.

¿SABÍAS QUÉ?

El nombre de la diosa griega de la persuasión es Peithon. Peithon es hija de Prometeo. Acompaña siempre en su séquito a Afrodita, la diosa del amor y la belleza. Afrodita, por más bella que sea, por más atractiva que se muestre, no puede enamorar por sí sola, necesita de Peithon, necesita de la persuasión. Y es que la belleza y el físico atraen, pero son las palabras las que enamoran.

CARACTERÍSTICAS DE UN BUEN DISCURSO

Hemos considerado que un buen discurso debe tener la mayor cantidad posible de las cinco características siguientes. Aunque antes de dar la lista también debemos tener en consideración que es muy difícil que un mismo discurso las recoja todas, pero cuantas más mejor.

Las hemos nombrado de la siguiente manera: agilidad, adecuación, corrección, flexibilidad y veracidad. Veámoslas por separado.

1. Agilidad

Un adulto motivado aguanta la atención continuada en un mismo tema unos siete minutos (puede que incluso un poco menos con el auge de la multitarea de nuestro tiempo). Los miembros del jurado son adultos, se les supone motivados, pero también es verdad que probablemente llevan toda una mañana o una tarde (o un día completo en el peor de los escenarios) sumergidos en la valoración ininterrumpida de todo tipo de debates y de debatientes. Es, pues, muy importante, es más, diríamos que fundamental, que nuestro discurso sea ágil. ¿Qué queremos decir por ágil? Pues que mantenga la tensión y la atención del jurado, que sea interesante, elocuente, a poder ser. Puede ayudar en este sentido el emplear frases cortas, que sean más fáciles de pronunciar y entonar por parte del estudiante. Está claro que el lenguaje oral no tiene las mismas características que el lenguaje escrito, el público, en este caso el jurado, nos agradecerá estas frases cortas, inteligibles, agudas y atinadas si puede ser. Sin embargo, hay que ser muy cuidadoso para no caer en un lenguaje telegráfico que dé la impresión de poco dominio del tema o de inseguridad. Es aquí donde el orador, el debatiente, debe mantener un riguroso y difícil equilibrio, por un lado, si se busca precisión, no se debe caer en la prolijidad, pero tampoco persiguiendo la concreción podemos permitirnos caer en el laconismo. Entre prolijidad y laconismo hay un excelente término medio que debemos buscar y que estará más próximo del discurso ágil que proponemos.

Existe una serie de herramientas retóricas muy interesantes que permiten dotar al discurso de agilidad, por ejemplo el cambio de tono, la utilización de oportunos silencios retóricos, el introducir quiebros y cambios en nuestra línea de discurso, etc. En cierto modo, el orador debe ser como un cuentacuentos que trata de mantener la atención de su auditorio con elementos de todo tipo. Sobre todo hay que evitar el tono plano, monocromático, sin cambios, ese tono es soporífero, y es justamente lo que debemos evitar a toda costa.

¿SABÍAS QUÉ?

La *facundia*, según el diccionario de la Real Academia, es la facilidad y desenvoltura en el hablar. El *laconismo* consiste en tener un lenguaje en exceso conciso y breve. La *prolijidad* consiste en hablar demasiado largamente, dilatando en exceso la intervención. Al dirigirse a un público un orador corre multitud de riesgos. Existen dos que resultaría conveniente remarcar aquí. En ocasiones, buscando concisión se cae en el laconismo o buscando precisión se cae en la prolijidad. Pues bien, hay que encontrar la manera de dar con el término medio entre laconismo y prolijidad.

2. Adecuación

La adecuación se refiere tanto al fondo como a la forma y se ocupa de varios elementos. Por ejemplo, por un lado se ocupa de la audiencia, de la cantidad de personas que haya en el lugar del debate, también de sus características. El discurso siempre debe redactarse desde el punto de vista de quien lo va a escuchar. Los aspectos fundamentales son el nivel cultural del auditorio, del jurado, que en este caso se supone alto, también hay que tener en cuenta el nivel de conocimiento del tema, las inclinaciones personales que puedan tener con respecto al mismo, etcétera. Aunque el debatiente conozca en profundidad el tema, y es algo que se supone, pues ha estado trabajando en él durante varias semanas, no debe dar ningún dato por sabido. No será incorrecta, obviamente, la utilización de tecnicismos, siempre y cuando se acompañen de una explicación acerca de su significado para asegurar la comprensión por parte de todas las personas que están escuchando. Sabemos que los jurados son variopintos y es bastante probable que alguno de sus miembros no sea especialista en la rama sobre la que trate el debate.

También hay que buscar la adecuación al lugar en que se vaya a llevar a cabo el debate, las dimensiones, los materiales que tengamos a nuestra disposición, las características, si disponemos de un atril o no, etc. Todas estas cuestiones son importantes y resulta recomendable que el debatiente acuda al lugar donde se va a celebrar el evento un poco antes del mismo para poder ver, *in situ*, las características del mismo. Por ejemplo, no es lo mismo una sala amplia y moderna, donde se puede hablar a viva voz, que una habitación pequeña, alfombrada y con cortinas, o un lugar donde sea necesario un micrófono.

La adecuación también se va a ocupar del tiempo del que dispongamos, que suele estar muy controlado por el jurado. Es importante que el debatiente diga todo lo que ha venido a decir sin apresurarse y sin dejarse nada atrás. Para ello el mejor sistema consiste en ensayar el discurso con un cronómetro para ver cuánto tiempo le ocupa en condiciones normales, luego deberá ajustarse al mismo y, como hemos dicho, encajar todo el contenido en el tiempo concedido. Nadie quiere ver cómo le quedan muchas cosas por decir y solo le restan unos segundos de su intervención.

Y por último, uno debe adecuarse a sus propias características como orador. Hay tantos tipos de oradores como de personas. En este caso es importante tratar de conocer tanto los puntos fuertes como los puntos débiles, ver por dónde pueden venir los problemas, cómo se corre el riesgo de que los nervios te atenacen, etc. No hay mejor manera de evitar estas situaciones embarazosas que ensayarlo todo mucho. Conocer el discurso al dedillo, casi de manera mecánica, para poder luego dar los ajustes que sean oportunos, la entonación adecuada, etc., y que esa misma seguridad que da el conocer el tema nos permita superar los nervios inevitables. Porque ese es otro tema: ¡todos nos ponemos nerviosos cuando nos evalúan de esta manera!

3. Corrección

La corrección es entendida aquí en un doble sentido. Por un lado, la obvia corrección gramatical y lingüística de la que dimos unas pinceladas antes. Es decir, tenemos que hablar con precisión semántica, morfológica y sintáctica. Hay muchas imágenes penosas que pueden aparecer, sobre todo cuando un debatiente comete un error lingüístico burdo, impropio de alguien que está frente a un atril. Imaginemos a alguien de pie sobre el atril, a punto de empezar su discurso y que diga: «Me se ha caído el bolígrafo». No queremos dar esa imagen tosca de torpeza.

Por otro lado, la corrección también se refiere a que el discurso se debe hacer siempre con educación y respeto hacia todos los interlocutores, tanto hacia los miembros del jurado como hacia el público en el caso de que lo haya. Hay que ser escrupulosamente educados con todo el mundo en un debate y, en general, siempre que estemos siendo sometidos a una evaluación y en la vida misma. Convendría no emplear palabras malsonantes, ni insultos, palabrotas o salidas de tono. Cualquiera de estos elementos espurios supondría no respetar la característica de corrección en un discurso.

4. Flexibilidad

La flexibilidad en un discurso se puede conseguir con el dominio del tema. Hay que conocer bien aquello de lo que vamos a hablar para poder hacerlo con eficacia. El discurso debe estar preparado de antemano, pero a la hora de exponerlo al público hay que tener un alto grado de flexibilidad con respecto a lo que tenemos que decir. Y esto es así porque el lenguaje oral es más dinámico que el escrito, resulta, además, poco natural si nos limitamos a trasladar las palabras del folio a la palabra hablada, queda envarado y difícil de seguir por parte del auditorio. El debatiente debe hacer suyas las palabras que ha preparado para defender su postura en el debate, tiene que demostrar que está firmemente convencido de lo que viene a exponer y de lo que ha trabajado y estas características son fundamentales para dotar de flexibilidad a un discurso.

Durante un debate pueden ocurrir mil y una cosas, pueden surgir aspectos diferentes a los esperados, cuestiones interesantes relacionadas con el contenido de la pregunta del debate, de la exposición oral, etc., y todos estos temas tienen que ser respondidos, so pena de parecer poco ducho en el tema o poco preparado si no se consigue. En general, se trata de tener la agilidad mental necesaria y la capacidad de improvisación para adaptar las diferentes intervenciones que tendremos que hacer en el curso del debate.

Solo hay una manera de adquirir flexibilidad: conociendo lo mejor posible el tema.

5. Veracidad

Este punto es uno de los más controvertidos. Fundamentalmente, la idea que tratamos de transmitir es que el debatiente debe esforzarse por transmitir un discurso veraz, un discurso cierto, sin introducir mentiras o interpretaciones falsas. La mejor manera de afrontar un debate consiste en que la verdad esté siempre de nuestro lado. Obviamente, no vamos a detenernos a analizar el concepto de «verdad». Filosóficamente hablando, se sabe que la verdad es un concepto complejo, poliédrico, con muchas facetas, en muchas ocasiones directamente relacionado con la forma de percibir la realidad que cada uno tenga, pero a lo que nos estamos refiriendo en este apartado es a que el debatiente tratará siempre de decir la verdad tal y como él o ella la considere, sin tratar de manipular, engañar o mentir, evitando los discursos sesgados y tendenciosos, que son mucho más fáciles de detectar de lo que parece. Si al debatiente le preguntan algo que no sepa, es mejor ser natural, y si no se sabe algo, no hay problema, se dice que no se sabe, no es obligación del orador saberlo todo. El jurado del debate no busca debatientes perfectos, busca debatientes honestos. Es mejor confesar la propia ignorancia sobre algún asunto que caer más tarde en alguna contradicción. La mejor estrategia es la honestidad, la veracidad.

Lenguaje no verbal

Lo que se tiene que decir es importante, pero también es importante cómo se va a decir. Al discurso que ya traemos preparado de casa debemos añadirle una serie de elementos muy importantes a la hora de que el jurado perciba de la mejor manera posible nuestro mensaje, y estos elementos son parte del lenguaje no verbal.

1. La postura

El estudiante debe mantener una postura neutra al inicio de su intervención. Erguido, con las piernas ligeramente separadas, ni demasiado abiertas, pues causa mala impresión, ni demasiado juntas, pues se corre el riesgo de perder el equilibrio. Los brazos deben estar estirados con naturalidad a lo largo del cuerpo, esperando que se inicie el discurso para comenzar su acompañamiento al mensaje. El dominio del espacio lo llevará a cabo el cuerpo, que debe moverse con tranquilidad por el espacio concedido, sin tensión ni nervios. El debatiente debe sentirse cómodo en el lugar que le haya correspondido, o debe fingir sentirse cómodo. Es importante que transmita placidez, tranquilidad, control, no tensión, ni agobio ni nervios. Existe en retórica una ley, la ley del rectángulo, que dice que los brazos no deben salir del rectángulo imaginario que se hace trazando una línea desde la cintura hasta los hombros. Salvo contadas excepciones, los brazos no deben salirse de este rectángulo. Nuestro cuerpo proyecta nuestras sensaciones y también parte del mensaje. Es necesario, pues, controlarlo.

2. Los gestos y las manos

Los gestos de la cara y las manos deben acompañar siempre los contenidos del discurso. Existen gestos de todo tipo, de precisión, de inclusión, de compartimentación, simplemente debemos aprender a incluirlos con naturalidad en nuestro propio discurso, siempre en el momento oportuno. Los gestos deben encajar con precisión con nuestros argumentos, de lo contrario podemos dar la impresión de incongruencia. En la cara debemos evitar el rictus demasiado serio de modo que parezcamos enfadados, o demasiado jocoso que parezca que nos estamos burlando, debemos poner una cara seria pero amable, acompañando con nuestro rostro el sentido del discurso. En las manos debemos evitar los gestos agresivos o demasiado agudos. Más vale aportar gestos de inclusión, de contemporización o de buen talante. Las manos deben acompañar el discurso casi como un director de orquesta que va marcando el ritmo a sus músicos. La mano abierta, la mano tendida, es una de las formas más recomendables para acompañar una peroración de corte académico.

¿SABÍAS QUÉ?

La palabra griega *kairós* significa «momento oportuno». En retórica clásica el *kairós* era un elemento fundamental, implicaba saber decir la palabra justa, pero en el momento más oportuno.

En español hay un refrán que dice: «la oportunidad la pintan calva». Este refrán viene de la tradición clásica en la que la Oportunidad aparecía encarnada en una figura femenina con un mechón de pelo, generalmente rubio, en la parte delantera de la cabeza, encima de la frente. El resto de la cabeza lo tenía calvo, como una bola de billar. Además, solía representársela con unas alas ya fuera en la espalda, como los ángeles, ya fuera en los pies, como el dios Hermes. Normalmente la Oportunidad viajaba a toda velocidad gracias a sus alas y, si uno quería agarrarla, no quedaba más remedio que cogerla por el mechón de pelo que tenía en la frente. Si la Oportunidad lograba pasar y uno no la asía convenientemente, esta se escapaba, porque ya no habría de dónde agarrarla, pues la parte trasera de la cabeza era completamente pelada. De modo que, ya desde la Antigüedad clásica, podemos constatar que la oportunidad es algo difícil de coger, de aprovechar. Hay que estar atento. En el debate, como en la vida, hay que saber decir la palabra justa, sí, pero también hay que ELEGIR EL MOMENTO OPORTUNO.

3. La mirada

La mirada es también muy importante. Debemos pasear la mirada con tranquilidad por todo el auditorio, tratando de detenernos en personas concretas sin olvidar a los miembros del jurado. No resulta conveniente mirar demasiado fijamente o durante demasiado tiempo a la misma persona, por dos motivos: primero porque se dejan huérfanas a las otras personas presentes en el acto, y segundo porque se acaba irritando a la pobre persona en la que queda fija la mirada.

La mirada actúa como un elemento de atracción de la atención, es un arma formidable para traerse de nuevo a alguien que se ha distraído, y demuestra que el orador está ahí hablando para la persona a la que mira. Si hubiera un reloj imaginario frente al debatiente cuando está en su turno de intervención, lo que tendría que hacer sería pasear pausadamente la mirada a las 10, a las 12 y a las 2. O sea, mirando hacia el frente, solo tendría que girar ligeramente la cabeza a los lados para atraer al máximo número posible de personas del auditorio utilizando exclusivamente la mirada.

4. Manejo de los silencios

El manejo de los silencios es una herramienta muy poderosa para lograr un resultado elocuente en una exposición oral. Un silencio bien traído recupera la tensión del auditorio, lo vuelve a traer si estaba distraído, destaca lo que se acaba de decir y genera un ambiente de trascendencia y solemnidad que puede ser muy oportuno para determinados tipos de mensajes.

Silencios existen de varios tipos en función de su duración. Un silencio breve puede marcar una pausa o un cambio de tema. Un silencio mayor sirve para subrayar lo que se acaba de decir y aumenta la importancia de ese mensaje. Un silencio aún más largo, siempre y cuando no parezca que el orador se ha perdido y no sabe por dónde continuar, si es bien traído, implica una llamada de atención a todo el auditorio, señala la importancia de lo último que se ha dicho y demuestra el control que el debatiente está teniendo sobre la situación, sobre el auditorio y sobre el jurado.

La clave sobre el uso de los silencios debe estar en que si nosotros estamos cómodos con nuestras pausas y silencios, el auditorio también lo estará.

📖 ¿Sabías qué?

Casandra era una sacerdotisa troyana hija de Príamo y Hécuba. Apolo se enamoró de ella y le prometió el don de la profecía si ella accedía a sus peticiones amorosas. No obstante, finalmente Casandra se negó y el dios griego montó en cólera y la castigó escupiéndole en la boca y pronunciando una sola palabra que significaba que perdería cualquier posibilidad de persuasión. A partir de aquel día nadie creyó los vaticinios de la pobre Casandra, sellando de esa manera su destino trágico, pues ella vio la trampa del caballo de Troya, la caída de la ciudad, la muerte de su padre, su propio destino como esclava de Agamenón y su propia muerte a manos de Clitemnestra, la mujer de este.

📖 ¿Sabías qué?

El debate es una actividad que desarrolla las tres áreas en las que se divide la comunicación. La comunicación verbal la usamos para hablar y hacer uso de nuestros argumentos, ataques o exposiciones. La comunicación no verbal la usamos para gesticular, movernos por el escenario o mostrar nuestro estado de ánimo, según Albert Mehrabian es la responsable del 55% de lo que transmite un orador. La tercera área de la comunicación es la comunicación paraverbal, que implica los usos de nuestra voz: el volumen, el timbre, la cadencia o el tono, que pueden delatar a un orador nervioso o ayudar a captar la atención del auditorio.

CÓMO CONSTRUIR UN BUEN DISCURSO

La capacidad de hablar bien en público es una habilidad importante no solo para un debate, sino para la vida en general. Ya en el mundo griego, cuando surge uno de los sistemas educativos más antiguos, el estudio y la práctica de la oratoria y la retórica fueron elementos muy importantes para el desarrollo del ciudadano. Muchos siglos después, esta capacidad sigue siendo igual de importante para la educación, el desarrollo social y político y, sobre todo, para el ámbito laboral. Así, vamos a dedicar este apartado a explicar de manera muy sucinta cómo organizar bien un discurso, ya sea para un debate, ya sea para cualquier otro tipo de necesidades laborales, académicas o personales. Los consejos que aquí ofrecemos funcionan en un sentido más amplio que los ofrecidos para un debate.

Existen, al menos, tres elementos básicos que influyen en la presentación de un discurso: la estructura, el lenguaje verbal y la comunicación no verbal. Veámoslos por partes.

Estructura del discurso

Una estructura clara y transparente debe ser siempre el cimiento sobre el que construyamos nuestro discurso. Por ejemplo, con objeto de dotar de claridad a la estructura del discurso debemos establecer una *cantidad limitada de puntos que se van a presentar* en el discurso. De esta manera, el auditorio podrá seguir más cómodamente la línea del orador y podrá comprender mejor los puntos que se presenten.

Conviene *repetir los puntos principales* del discurso para que se permita al auditorio seguir mejor los mismos y los pueda identificar.

Hay que *enlazar los puntos* fundamentales del discurso para que la estructura del mismo sea lo más sólida y robusta posible. Veamos con un poco más de detalle.

El número de puntos que se pueden desarrollar en una intervención oral debe poder abarcarse tanto en el tiempo que nos han concedido, ya sea un debate, una presentación oral o un examen, como también debe poder ser entendido por parte del auditorio. No se pueden introducir diez argumentos en cuatro minutos. Está demostrado que una buena estructura del discurso puede contar con dos o tres argumentos principales, de modo que se pueda constatar a vuela pluma que se cuenta con más de un argumento para apoyar su línea de discurso. Desarrollar muchos más argumentos puede traer más perjuicios que beneficios: el auditorio tiende a distraerse, le resulta más difícil seguir el hilo argumentativo y puede que luego tenga incluso problemas para recordar los elementos más importantes.

La repetición de los puntos fundamentales se puede hacer de una forma bastante sencilla siguiendo el siguiente esquema: 1) Se presentan los argumentos en la introducción. 2) Se desarrollan con claridad y en toda su extensión todos los argumentos en el núcleo de la intervención oral. 3) Se repasan los aspectos más importantes en la conclusión.

Juan Mamberti, uno de los miembros más destacados del ámbito hispanohablante del debate, nos recuerda la vieja regla de «las tres D»: «Dile a tu audiencia lo que vas a decir, dile lo que tienes que decir y, finalmente, recuérdale lo que ya le has dicho».

Con este esquema se repiten al menos tres veces las ideas más importantes, lo cual tiene un evidente efecto mnemotécnico en el auditorio, pues parece ser que las estructuras triádicas de esquemas argumentativos y repetitivos se mantienen con mayor facilidad en la psique del que escucha. Una estructura triádica es aquella que está dividida en tres partes.

Ni que decir tiene que si los argumentos tienen similar peso crítico en la estructura del discurso convendría dedicarles un tiempo similar a cada uno de ellos. De nada vale emplear cuatro minutos para explicar un argumento si ello conlleva tener que exponer a vuelapluma los otros dos argumentos que nos faltan por presentar.

En un discurso ideal, los argumentos tendrían similar extensión en su presentación y en su forma, es lo conocido como estructura paralela. Una estructura paralela es la repetición del mismo patrón de palabras o frases y con ello se muestra que las ideas que aparecen con la estructura paralela tienen la misma importancia. Hay muchos ejemplos conocidos, podemos ver aquí el del famoso discurso de Martin Luther King, «I have a dream»: («Tengo un sueño»)

> «Sueño que un día esta nación se levantará y vivirá el verdadero significado de su credo: "Afirmamos que estas verdades son evidentes: que todos los hombres son creados iguales".
>
> Sueño que un día, en las rojas colinas de Georgia, los hijos de los antiguos esclavos y los hijos de los antiguos dueños de esclavos, se puedan sentar juntos a la mesa de la hermandad...
>
> (...) Sueño que mis cuatro hijos vivirán un día en un país en el

cual no serán juzgados por el color de su piel, sino por los rasgos de su personalidad».

Como se puede ver fácilmente, el esquema de estructura paralela sitúa en igualdad de importancia los distintos elementos, se les dota de una extensión similar, permite identificar el esquema por parte del auditorio y la armonía general del discurso se ve reforzada. El público, los jueces e incluso el equipo rival podrán, así, seguir más fácilmente el guion.

Como colofón a esta parte que hace hincapié en la importancia de la repetición de los puntos fundamentales, habría que añadir que sería deseable que la idea presentada se pudiera resumir en una frase corta. Continuando con el ejemplo anterior de Martin Luther King, podría quedar más o menos así:

«Sueño que todos los hombres son iguales».

«Sueño que todos los hombres vivan en hermandad».

«Sueño que nadie sea juzgado por el color de piel».

Enlazar los puntos que constituyen las distintas partes del discurso es básico para que el auditorio pueda seguir el hilo de lo que se está diciendo. El paso de un argumento a otro o de una parte del discurso a otra conviene hacerlo de forma clara para que no haya lugar a dudas. Para ello, se pueden utilizar conectores o elementos de transición entre una parte y otra.

En realidad, los conectores sirven para indicar el camino que hay que transitar de donde estábamos hacia donde queremos ir. Existen multitud de estructuras que permiten estas transiciones (algunas de las cuales vienen de la Antigüedad clásica y siguen teniendo el mismo vigor que antes). Por ejemplo:

- «Visto esto, ahora pasamos a ver esto otro».
- «Habiendo analizado esto, demos un paso hacia adelante con esto otro».

Evidentemente, el esquema de nuestro discurso es importante, pero tan importante o incluso más van a ser las palabras que empleemos y la manera de articularlas. Es, a fin de cuentas, lo que va a transmitir el mensaje que deseamos y lo que va a aumentar nuestra fuerza persuasiva tanto en un debate como en la vida cotidiana.

De cara al desarrollo verbal de nuestro discurso, como ya hemos indicado en el apartado dedicado a las características que debe tener un discurso, conviene partir de la vieja premisa que defendía Ortega y Gasset: «La claridad debe ser la cortesía del filósofo». Pues lo mismo podemos hacer extensivo al orador: «La claridad debe ser la cortesía del orador». De este modo, es básico seleccionar palabras con las que el auditorio se sienta familiarizado, que las conozca y le resulten claras. Si no puede ser así, es necesario explicar meridianamente el significado de los términos que utilicemos, para que los que nos escuchan puedan seguir en el hilo argumentativo sin grandes dificultades. Es evidente que si un orador experto en un tema en concreto emplea demasiados términos propios de la jerga de su campo que resultan extraños para el auditorio, los jueces o los miembros del equipo rival, va a provocar que su discurso resulte poco menos que ininteligible. No hay que escatimar el tiempo que dediquemos a explicar los conceptos complejos o poco claros. Es mejor hacernos entender bien y decir menos cosas que decir muchas cosas que no son entendidas en su justa medida. Nadie va a aceptar un argumento que no ha entendido, o que ha sido presentado con términos que le son ajenos.

Como otro elemento clave del lenguaje verbal debe estar el emplear ejemplos siempre que sea oportuno. Un ejemplo ayuda en gran medida a hacer comprensible un argumento. Un buen ejemplo puede provocar en el auditorio una imagen que se quede en su psique, puede ayudar a hacer más vívido el argumento y, quizá, despierte algún tipo de reacción positiva que va a situar al escuchante en un plano de mayor susceptibilidad de cara a la persuasión: dicho con otras palabras, un buen ejemplo va a convencer mejor. Como parte de los ejemplos están los símiles, las metáforas y las analogías, estas últimas fueron explicadas sucintamente en el apartado dedicado a los argumentos por analogías.

De nuevo debemos detenernos en lo obvio. La clave de un buen discurso está en una presentación atrayente. Como ya hemos indicado antes, existen una serie de elementos cruciales a la hora de hacer más persuasiva una presentación oral. La postura, los gestos, las manos, la mirada y el uso de los silencios son todos elementos básicos de la comunicación no verbal que ya hemos visto en el apartado 1.3 del presente capítulo. No nos vamos a detener en ellos de nuevo. No obstante, sí que consideramos importante una cuestión aún no tratada: la lucha contra los nervios.

Existe una lápida funeraria romana del siglo II a. C. en la que había inscrito un epitafio muy grandilocuente: «Aquí yace el que nunca tembló». Parece ser que algunos bromistas de la época decidieron agregar una pintada (sí, también en la época romana había grafitis y pintadas) al epitafio y escribieron: «porque nunca se examinó». De modo que la lápida quedó finalmente con el siguiente lema: «Aquí yace el que nunca tembló, porque nunca se examinó».

¿Por qué incluimos esta pequeña anécdota aquí? Porque todo el mundo, hasta el orador más avezado y experimentado, sufre cierta tensión y ciertos nervios cuando se va a dirigir a un auditorio. Estos nervios son algo perfectamente normal y natural. De hecho, si no los sufriéramos, podría ser una señal de algún tipo de desorden psicológico (quizá un psicópata no se pondría nervioso antes de dar un discurso). Sea como fuere, la tensión previa a la intervención oral en un debate, o en cualquier otra ocasión, tiene una serie de consecuencias fisiológicas que conviene tener en cuenta. El problema con la salivación escasa será tratado en el apartado sobre la velocidad en el discurso y las pausas para respirar.

¿Cómo podemos controlar estos nervios y ayudarnos a pasar el mal rato lo mejor posible? No hay una manera eficaz ni segura el 100% para todo el mundo, pero, afortunadamente, sí que podemos dar alguna pista para tratar de paliar estas situaciones. Lo primero que debemos intentar es proyectar toda esa tensión y esos nervios para mejorar nuestro rendimiento. Está demostrado que la energía psíquica acumulada ante una situación de moderado estrés puede proyectarse para mejorar nuestro desempeño. No debemos permitir que los nervios nublen nuestra inteligencia (recordad la frase de Quilón de Esparta que hemos incluido en la primera página de este capítulo: «No dejes que tu lengua vaya por delante de tu inteligencia»). Es verdad que la práctica ayuda a llevar adelante estas situaciones. Las primeras veces que participemos en un debate serán las más difíciles, pero conviene pensar que esa experiencia nos vendrá muy bien para el futuro. Hay técnicas de relajación para estos casos. Vayamos por partes.

Uno de los efectos de los nervios es que los músculos tienden a ponerse rígidos y suele afectar a la cara, la mandíbula, los brazos, las piernas e incluso el abdomen o la espalda. Para la psicóloga Amy Cuddy existe un truco muy sencillo para hacernos sentir más seguros antes de alguna situación comprometida. Consiste en adoptar físicamente posturas de seguridad y confianza en sí mismo durante un par de minutos. De hecho, esta situación lleva a engañar al propio cerebro, pues tras un rato con esta postura, comienza a segregar las hormonas que otorgan esa seguridad y confianza en sí mismo. Dicho con otras palabras: si adoptas posturas de control, seguridad y tranquilidad, tu cuerpo va a pensar que es así como te sientes, de modo que la tensión se relaja y podemos estar mejor dispuestos para un rendimiento óptimo en el debate o en la situación vital que sea (ya sea un examen, una cita amorosa, una entrevista de trabajo, etc.).

Es curioso porque según esta psicóloga es el cuerpo el que engaña a la mente. Parece ser que una postura que adoptaría una persona poderosa lleva a tener más confianza en sí mismo, más optimismo y, por ende, mejora el rendimiento de la actividad que sea. En el caso que nos atañe, hay dos hormonas clave que intervienen en una situación de estrés o nervios antes de una intervención en un debate: por una parte, está la testosterona, que es la hormona de la dominación y, por otra, está el cortisol, que es la hormona del estrés. Los primates que tienen una alta jerarquía tienen alta testosterona y bajo cortisol. Así, lo que nos conviene para una situación como la que nos atañe aquí, esto es, un debate en el que queremos que los nervios no nos atenacen, es tener alta la testosterona. Pero, ojo, esto no quiere decir que nos interese esta hormona por su relación con la dominación, sino con cómo vamos a reaccionar ante los nervios y la tensión. Lo que perseguimos es la parte de la testosterona que está vinculada a la actitud positiva, optimista y relajada. Dos minutos adoptando una postura de seguridad y confianza lleva a esos cambios hormonales que conducen a que el cerebro piense en positivo, con mayor seguridad, comodidad y menor estrés.[1]

Por otra parte, también existen ejercicios físicos orientados a la disminución del estrés que pueden ayudarnos con los nervios previos a un debate. Consisten en ponernos de pie, con las piernas ligeramente separadas y alineadas con respecto al tronco, algo así como la postura del orador que hemos explicado en un apartado anterior. Una vez adoptada esta posición, relajamos los músculos de los hombros, del abdomen y, sobre todo, del cuello. Luego nos detenemos a controlar la respiración, inhalando lentamente y controlando la exhalación de los pulmones, pero sin contener la respiración. Repetimos este ejercicio durante varios minutos hasta que notemos que el cuerpo está más relajado y más cómodo. A partir de entonces el cerebro entrará en acción mucho mejor.

Enemigos tradicionales del orador

En todo acto de estas características siempre hay cuestiones que no juegan a nuestro favor. Son elementos con los que tenemos que lidiar y a los que hay que neutralizar para evitar una mala comunicación y los hemos llamado «enemigos tradicionales».

1. Micrófono

No es frecuente en situaciones como las que estamos describiendo, pero puede ocurrir que la sala donde tengamos que debatir tenga el tamaño o la estructura que obliga a tener que utilizar un micrófono. El micrófono puede ser de varias características, de esos que se tienen que sostener con una mano, puede ser un auricular cómodamente encajado en la oreja o puede estar fijo en la mesa o el atril desde donde

1 Aquí tenemos el vídeo de Amy Cuddy que da muchos más detalles al respecto. https://www.ted.com/talks/amy_cuddy_your_body_language_shapes_who_you_are?language=es.

el debatiente tiene que estar defendiendo su postura. El principal problema que presenta un micrófono está en que, si no hablas directamente sobre él, las palabras pueden perderse o percibirse en menor volumen que el resto. Si giramos la cabeza y no emitimos las palabras hacia el micrófono, puede ocurrir que el sonido no se perciba bien, que se altere el volumen del mensaje, con la consiguiente distracción e incomodidad que esto implica para el auditorio. Por otro lado, si tenemos que llevar en la mano el micrófono este puede interferir con los gestos de nuestro discurso. Como hemos indicado previamente, los gestos deben acompañar el sentido del mensaje, pero si tenemos un objeto como un micrófono puede ocurrir que este nos reste naturalidad. La única manera que proponemos para desactivar todos estos problemas consiste en tomar plena conciencia de la presencia del micrófono. Hablar hacia él todo el tiempo, buscando mantener la naturalidad y, si no hay más remedio que llevarlo en la mano, utilizar la otra mano para acompañar con gestos nuestro discurso.

2. La pronunciación

Esta es, probablemente, una de las piedras de toque de cualquier comunicador. Normalmente, en zonas donde el acento o la pronunciación son peculiares, en ocasiones los estudiantes tienen que elegir entre naturalidad o precisión en la pronunciación. Lo más importante debe ser que el mensaje sea claro, no solo inteligible, sino fácilmente comprensible por parte del auditorio y, en este caso, por parte del jurado. Hablar un idioma con acento es perfectamente digno, siempre y cuando el mensaje pueda ser captado sin esfuerzo. No es necesario impostar la voz en el caso de un fuerte acento, basta con vocalizar y pronunciar con claridad el discurso. El mensaje es lo importante, el envoltorio, esto es, la pronunciación, debe ser elegante, pero no por ello debemos simular un acento que no es el nuestro, ni perder naturalidad en el intento. Existe un problema añadido, y es que algunos acentos son interpretados de una forma peyorativa y se reduce, por tanto, la eficacia del mensaje. Frente a estas situaciones no cabe otra respuesta que el tratar de reducir los elementos negativos del acento.

3. La velocidad en el discurso y pausas para respirar

En general, cuando una persona se dirige a un auditorio, se pone nerviosa, es inevitable. Hasta los oradores más experimentados, como ya hemos visto, sufren cierta tensión, por no hablar de que la situación concreta de la que estamos hablando, un debate, somete al estudiante a la valoración y al escrutinio del jurado, sumados a la presión argumentativa del equipo rival. Así pues, contamos con los nervios y la tensión inevitables.

Una persona que se pone nerviosa tiende a hablar más rápido de lo conveniente. Al hablar más rápido se vocaliza menos, el mensaje se torna ininteligible, cuesta más trabajo seguir el hilo. Además, el aumento de la velocidad en el discurso disminuye las necesarias pausas para respirar, provocando que el orador casi se ahogue y le falte el aire durante su intervención. Toda esta situación provoca angustia al auditorio, que se incomoda por las circunstancias y deja de prestar atención al contenido del discurso y comienza a agobiarse a causa de que el orador no se para a respirar.

Pero no queda aquí la cosa, uno de los efectos del nerviosismo, comprobado a nivel fisiológico, es que la persona que tiene que hablar frente a un auditorio, que además lo está evaluando, ve cómo sus glándulas salivales se contraen y dejan de segregar saliva, que es necesaria para que la boca esté lubricada y se pueda hablar con mayor comodidad. El propio movimiento mecánico de la lengua y los labios, sumado a la menor cantidad de saliva segregada, puede producir que la boca se seque demasiado y que el discurso resulte pegajoso, lento. Además, se corre el riesgo de que aparezcan esas manchas blancas en la comisura de los labios provocadas por la ausencia de saliva y el hecho de que se haya espesado la poca saliva que había en la boca. Para evitar toda esta situación embarazosa hay que haber bebido abundante agua antes de salir a hablar. La boca debe estar húmeda, lubricada, y no considero que estemos exagerando si recomendamos a los estudiantes que beban agua antes del discurso, así como disponer cerca del lugar de la defensa de una botella de agua en previsión de mayores problemas.

4. Objetos en las manos

El orador ideal debe salir frente a su auditorio sin nada en las manos. Su cuerpo, sus manos, sus gestos y su cara deben acompañar al mensaje que trata de transmitir y estos deben estar coordinados, sincronizados. No obstante, probablemente el orador ideal no existe, de modo que resulta conveniente analizar esta situación desde otro enfoque.

Resulta conveniente que el debatiente tenga un dominio absoluto sobre lo que quiere exponer durante su intervención en el debate. Cuanto más y mejor conozca el tema que quiere abordar, con mayor precisión logrará emitir el mensaje que va a ser evaluado por el jurado. Ahora bien, todos somos conscientes de que la situación de tensión, los nervios, cualquier cambio de última hora de cualquier tipo, pueden provocar cierta inseguridad y ansiedad en el debatiente, de modo que tenga que recurrir a algún elemento escrito o guion que le sirva para orientarse en el transcurso de su turno. Dicho con otras palabras y sin ambages: lo idóneo sería que el debatiente pudiera salir a la palestra del debate sin ningún papel, pero si no queda otro remedio, no pasa nada por llevar un pequeño guion, en una sola página (a poder ser en una cuartilla o en una tarjeta), con el contenido básico que se propone transmitir. Llevar más de una página puede ser contraproducente, porque en caso de perder el hilo y tener que buscar la referencia requerida, tendrá que ponerse a buscar nerviosa y desordenadamente por las hojas de papel que lleva, causando una mala impresión en el jurado evaluador. Así, lo idóneo es haber hecho un resumen lo más breve y sucinto posible, claro y que se pueda revisar a toda velocidad de un vistazo.

Otro tipo de objetos en las manos no tienen sentido. Llevar un bolígrafo es contraproducente. ¿Para qué puede querer el debatiente un bolígrafo? Se supone que si tiene algo que escribir ya lo ha hecho antes, y si se ve interpelado por el equipo rival durante su exposición y tiene que tomar nota porque la interpelación es demasiado compleja o alambicada, puede coger el bolígrafo de su mesa o su atril, pero esto no sucede casi nunca, pues las interpelaciones de los rivales en la mayoría de los debates no duran más de quince segundos. No obstante, si el estudiante lo estima absolutamente necesario y desea por encima de todo cargar durante toda la exposición con un bolígrafo, este debe ser cogido en la mano como si fuera una prolongación de la misma. No se debe pulsar nerviosamente si es uno de esos bolígrafos con mecanismo para sacar la punta, porque denota inseguridad e inquietud. No sería la primera vez que el discurso de un orador queda totalmente en segundo plano a causa de este tipo de elementos de distracción.

Ahora bien, conviene analizar brevemente la cuestión de llevar objetos en las manos. En general, cuando un orador siente la necesidad de acompañarse de un objeto en las manos durante su intervención es porque ese objeto se ha convertido en un «tótem», ha perdido su valor prosaico habitual y se ha transformado en algo que contiene una serie de poderes mágicos que el orador considera que lo van a ayudar, a proteger o a potenciar de alguna manera. Ojo, esos poderes mágicos de los que hablamos no son sino una proyección del orador, no es nada real. El principal problema de llevar algo en las manos estriba en que puede distraer la atención del auditorio, la atención se puede focalizar en el objeto y de ahí que se pierda el hilo del discurso y no se pueda comprender con precisión lo que se trata de exponer. Como ya hemos indicado previamente, nada debe distraer la atención del mensaje que se debe emitir. Por esta misma razón, también conviene evitar atuendos muy extravagantes o exagerados, porque también pueden distraer al auditorio. Por ejemplo, un debatiente debe evitar colocarse un broche demasiado llamativo o una camiseta con algún motivo exagerado durante el debate.

5. El chisteo y la moto

Existen un par de defectos graves en cualquier presentación oral que pueden perjudicar al orador. Suelen ser problemas que, en muchas ocasiones, ni siquiera son percibidos por el que da el discurso, pero que pueden presentarse de forma nada sutil para el auditorio y los jueces.

El primero de estos defectos es el chisteo. El chisteo consiste en ese ruidito que se suele hacer con la lengua al chocar con el paladar mientras expelemos aire. Este ruidito es mucho más frecuente de lo que podamos pensar y está presente en muchas de nuestras conversaciones cotidianas. No obstante, en una peroración como un debate académico o en cualquier contexto donde se requiera hacer uso de la mejor expresión oral posible convendría eliminarlo, pues resulta incómodo y desagradable para el escuchante.

El segundo de estos defectos lo hemos llamado la moto. La moto consiste en ese sonido que se suele emitir como: «eeeeeehhhhh». Lo introducimos sin darnos cuenta entre distintas partes de nuestro discurso porque, en realidad, nos da tiempo para pensar, pero resultar irritante y puede transmitir una idea de cierta torpeza por parte del orador. Lo llamamos la moto porque, prolongado mucho en el tiempo, parece el ruido que hace una moto al ir acelerando: «eeeeeehhhhh, eeeehhhhhh, eeeeehhhhh...». Se puede pensar igualmente sin emitir ese sonido.

Tanto el chisteo como la moto son fáciles de erradicar si advertimos al orador que los emplea de que los está empleando. Cuando se es consciente de estos enemigos del discurso resulta más cómodo erradicarlos.

* * *

Aplicando todos los consejos aquí recogidos podemos asegurar que el debatiente proyectará con eficacia una imagen inteligente, segura y de control sobre el jurado que lo tiene que evaluar. Los consejos aquí contenidos valen para todo tipo de situaciones donde una persona tenga que hacer una exposición oral de cualquier tipo.

¿SABÍAS QUÉ?

La palabra *diálogo* procede del griego antiguo. Tiene dos elementos, primero tiene un prefijo, *diá*, que significa algo así como «a través de» o «con reciprocidad». Segundo, tiene un sustantivo, *logos*, que es un término muy complejo en griego antiguo, pero para lo que aquí nos atañe significa «palabra». De modo que *diálogo* significa etimológicamente «la palabra a través y con reciprocidad». Por eso el elemento clave en un diálogo es el intercambio de palabras entre interlocutores. En un diálogo verdadero, escuchar es tan importante como hablar.

ANEXOS

ANEXO I. ORDEN DE LAS INTERVENCIONES

1ª Intervención del debate: Introducción a favor (4 minutos).

2ª Intervención del debate: Introducción en contra (4 minutos).

3ª Intervención del debate: 1er Refutador a favor (5 minutos).

4ª Intervención del debate: 1er Refutador en contra (5 minutos).

5ª Intervención del debate: 2º Refutador a favor (5 minutos).

6ª Intervención del debate: 2º Refutador en contra (5 minutos).

7ª Intervención del debate: Conclusión en contra (3 minutos).

8ª Intervención del debate: Conclusión a favor (3 minutos).

ANEXO II. FICHA DE INTRODUCCIÓN

1º Exordio (máx. 30 segundos).

2º Presentación del introductor y de los miembros del equipo (15 segundos).

3º Agradecimientos al equipo rival, al jurado y al público asistente (10 segundos).

4º Afirmación o negación de la pregunta (5 segundos).

5º *Statu quo* (30-45 segundos).

6º Tesis de debate (5 segundos).

7º Argumentos (110 segundos).

8º Cierre (20 segundos).

Primer Argumento	
Nombre o afirmación	
Razonamiento	p.1 p.2 p.3 p.4
Evidencia	

Segundo Argumento	
Nombre o afirmación	
Razonamiento	p.1 p.2 p.3 p.4
Evidencia	

Tercer Argumento	
Nombre o afirmación	
Razonamiento	p.1 p.2 p.3 p.4
Evidencia	

ANEXO III. FICHA DE CONSTRUCCIÓN

Primer Argumento	
Nombre o afirmación	
Razonamiento	p.1 p.2 p.3 p.4
Evidencia	
Atingencia o relación con la pregunta	
Impacto	
Insulaciones	

Segundo Argumento	
Nombre o afirmación	
Razonamiento	p.1 p.2 p.3 p.4
Evidencia	
Atingencia o relación con la pregunta	
Impacto	
Insulaciones	

Tercer Argumento	
Nombre o afirmación	
Razonamiento	p.1 p.2 p.3 p.4
Evidencia	
Atingencia o relación con la pregunta	
Impacto	
Insulaciones	

ANEXO IV. FICHA DE REFUTACIÓN

¿Estoy de acuerdo con sus términos?	
¿Estoy de acuerdo con su tesis?	
¿Son atingentes los argumentos?	
¿Tienen impacto los argumentos?	
¿Son necesarios los argumentos?	
¿Tengo argumentos contrarios?	
¿Parten de falsas premisas?	
¿Los nexos lógicos o inferencias o deducciones son correctos?	

¿Las evidencias son fiables?	
¿Las evidencias son actuales?	
¿Están relacionadas las evidencias con los argumentos y con la pregunta de debate?	
¿Son ambiguas las evidencias?	
Ha cometido falacias. ¿Dónde, cuándo, cómo, por qué y qué daño hacen a la línea?	

ANEXO V. FICHA DE CONCLUSIÓN

1º Agradecimientos (10 segundos).

2º Resumen del debate. Línea rival (60 segundos).

Primer Argumento de los rivales (20 segundos)	
Nombre o afirmación	
Razonamiento	p.1 p.2 p.3 p.4
Evidencia	
Refutación dada	

Segundo Argumento de los rivales (20 segundos)	
Nombre o afirmación	
Razonamiento	p.1 p.2 p.3 p.4
Evidencia	

Refutación dada	

Tercer Argumento de los rivales (20 segundos)	
Nombre o afirmación	
Razonamiento	p.1 p.2 p.3 p.4
Evidencia	
Refutación dada	

3º Resumen del debate. Mi línea (40 segundos).

- 1er Argumento
- 2º Argumento
- 3er Argumento

4º Metadebate (60 segundos).

- Falacias
- Fases temporales de la pregunta
- Teoría/práctica
- Sujetos implicados
- Evidencias

5º Cierre (10 segundos).

ANEXO VI. FICHA DE ÍTEMS

RÚBRICA DEBATE: TODO O NADA

GRUPO A:

GRUPO B:

		GRUPO A	GRUPO B
1. Argumentos variados	2 puntos		
2. Naturalidad y expresividad	2 puntos		
3. Rigor de las evidencias	2 puntos		
4. Finales contundentes	2 puntos		
5. Agilidad de las respuestas	2 puntos		
6. Evidencias más variadas	1 punto		
7. Respuesta a la pregunta de debate	1 punto		
8. Contacto visual	1 punto		
9. Dominio de la voz y de los silencios	1 punto		
10. Comienzos cautivadores	1 punto		
11. Argumentos definidos	1 punto		
12. Lenguaje variado y apropiado	1 punto		
13. Concesión de la palabra	1 punto		
14. Uso adecuado de turnos	1 punto		
PUNTOS TOTALES:			
ITEMS GANADOS:			

GRUPO GANADOR: **A** **B**

ANEXO VII. REGLAMENTO DE DEBATE

«Reglamento del Torneo de Debate Académico Universidad de Córdoba 2018»

Reglamento del torneo

Este reglamento tiene como objetivo reglar una actividad académica y no una mera competición. El I Torneo de Debate Académico UCO nace con el afán de integrar los diversos grupos de debate de la Universidad y como foro de discusión y diálogo. El necesario ejercicio de expresión oral y pensamiento crítico que supone son dos herramientas de enorme utilidad de cara no solo al futuro profesional de los actuales estudiantes, sino también para la construcción de nuestro carácter como ciudadanos. El debate es una herramienta para la vida. Con esta idea tratamos de impulsar este proyecto que está inspirado en el conocimiento y el respeto, la tolerancia y la inquietud intelectual. Estamos tratando de formar no solo futuros profesionales, sino personas.

Participantes

Podrán participar en la competición todos aquellos estudiantes de grado, diplomatura, licenciatura, doctorado o postgrado matriculados en la Universidad de Córdoba.

También podrán participar en el torneo aquellos equipos que, previa aprobación del Comité Organizador, no pertenezcan a ninguna de las categorías mencionadas en el apartado 1.1 pero cuya participación sea considerada, de forma motivada, de utilidad o interés para el torneo. Ningún participante podrá formar parte de más de un equipo a lo largo de la edición del presente torneo.

Inscripción

Los participantes deberán formalizar su inscripción mediante los distintos grupos de debate de la Universidad de Córdoba organizadores del evento, a través de cualquier medio. Los correos electrónicos de contacto son XXXX.

Fecha y sede: Tendrá lugar los días XXXX.

La sede del torneo será XXXXX.

Equipos

- Los equipos podrán estar formados por un mínimo de dos personas y un máximo de cinco. Uno de ellos ejercerá de capitán, pero solo un máximo de cuatro oradores por equipo podrán intervenir en cada torneo.
- El capitán también podrá ejercer las veces de formador.
- El capitán también puede debatir.

Tema del torneo

el tema sobre el que versará el torneo será el siguiente:
«¿Es posible una guerra justa?».

Jueces e ítems

el jurado estará formado por profesores y miembros experimentados de los distintos grupos de debate de esta universidad o instituto.
La autoridad principal en la sala antes, durante y después del debate será el juez principal.

Una vez termine el debate se reunirá con el resto de miembros del jurado y deliberará el resultado del mismo. Una vez haya deliberado, el jurado firmará el acta del debate y la transmitirá a la organización del evento.

El jurado, a través del juez principal, tiene potestad para expulsar a cualquier persona de la sala o a cualquier componente de algún equipo que lleve a cabo un comportamiento indebido durante el debate.

El jurado deberá emitir un veredicto de forma colegiada en el que se dará ganador a uno de los dos equipos. No se permitirán empates. Cada miembro del jurado rellenará un acta en el que valorará la actuación de los dos equipos. El juez deberá determinar en cada uno de los siguientes ítems cuál de los dos equipos es superior al otro:

Fondo

- Verdad y veracidad de los argumentos.
- Diversidad de argumentos.
- Línea argumental definida.
- Profundidad de los argumentos.
- Rigor de las evidencias.
- Diversidad de evidencias.
- Responde a la pregunta del debate.
- Refuta los argumentos del contrario.
- Citas de autoridad teórica.

Forma

- Naturalidad y expresividad.
- Dominio del espacio.
- Contacto visual.
- Dominio de voz y silencios.
- Comienzos cautivadores y finales contundentes.
- Concesión de la palabra.
- Agilidad y claridad en las respuestas.

Otros elementos de evaluación

- Equilibrio entre los miembros del equipo.
- Uso correcto del lenguaje.
- Acercamiento de posturas.
- Cada juez deberá sumar los ítems otorgados a cada equipo. El resultado de la suma de los ítems no será determinante, únicamente

constituirá un elemento orientativo para los jueces que decidirán de manera personal aunque justificada y basada en los ítems, su voto.

Fase de competición

El torneo se desarrollará con una fase previa en la que se enfrentarán los equipos participantes agrupados en grupos. Una vez que los equipos de cada grupo se hayan enfrentado entre sí, pasarán a las semifinales los primeros de cada grupo, siendo el criterio de valoración el siguiente:

1º Número de debates ganados.

2º Mayor número de ítems.

Los emparejamientos en semifinales se realizarán al azar.

El debate

Todos los debates se realizarán en castellano.

En cada debate se enfrentarán dos equipos.

Los equipos enfrentados en cada debate defenderán posturas opuestas. Un equipo defenderá la postura «Abogados», y el otro, la postura «Fiscales». La postura a adoptar por cada equipo se sorteará minutos antes de empezar el debate.

Intervenciones

Las intervenciones tendrán el siguiente orden y duración:

- Equipo a favor. Exposición inicial: cuatro minutos.
- Equipo en contra. Exposición inicial: cuatro minutos.
- Equipo a favor. Refutación: cinco minutos
- Equipo en contra. Refutación: cinco minutos.
- Equipo a favor. Refutación: cinco minutos.
- Equipo en contra. Refutación: cinco minutos.

- Equipo en contra. Conclusión: tres minutos.
- Equipo a favor. Conclusión: tres minutos.

Entre el primer turno de refutaciones y el segundo, si los equipos están de acuerdo, se permitirá un minuto a los equipos para hablar internamente. No podrán salir de la sala, ni comunicarse por ningún medio con personas ajenas a su equipo.

Únicamente durante los turnos de refutación los equipos podrán interpelar al contrincante.

Para realizar una interpelación cualquier miembro del equipo levantará la mano y únicamente cuando el orador lo estime oportuno le concederá la palabra.

Las interpelaciones no podrán durar más de quince segundos.

Las interpelaciones deberán ser preguntas, matizaciones o aclaraciones, nunca argumentaciones.

Todas las intervenciones se realizarán desde el atril o de pie.

Podrán utilizarse para evidenciar cuantos medios estimen convenientes. El uso de Internet no estará permitido durante el debate.

Durante sus intervenciones, los oradores podrán recibir apoyo por parte de su equipo exclusivamente mediante notas. Será el orador quien se acerque a la mesa a recoger dichas notas y nunca miembros de su equipo al atril.

Penalizaciones

- Las penalizaciones se dividen en avisos, faltas leves, faltas graves y expulsión.
- El jurado de cada debate tiene potestad para imponerlas.
- Cualquier penalización deberá constar en el acta del debate.

Los avisos se darán por:

- Desajuste positivo o negativo de más de diez segundos respecto del tiempo establecido para cada intervención.
- Interpelar o interrumpir al orador del equipo contrario durante su intervención sin que el mismo haya cedido la palabra.
- Realizar una interpelación que supere el tiempo establecido.

- Retrasos en la hora de asistencia al debate de hasta siete minutos.

Las faltas leves se darán por:

- Acumulación de dos avisos en un mismo debate.
- Enunciar una cita o dato falso o poco veraz. Si un equipo o miembro del jurado duda de la veracidad de cualquier dato otorgado por el equipo contrario, se seguirá lo establecido en el punto 11.1 del presente reglamento.
- Retrasos en la hora de asistencia al debate de hasta quince minutos.

Las faltas graves supondrán que el equipo perderá automáticamente el debate, otorgándose la cantidad del 80% del total de ítems al equipo ganador por cero del equipo contrario. Se darán por:

- Retrasos en la hora de asistencia al debate por encima de un cuarto de hora.
- Insultos, empleo de argumentos *ad hominem*, desacatos o desprecios al jurado, al público o a cualquiera de los miembros del equipo contrario o del suyo propio, antes, durante o después de cualquier debate.

Las penalizaciones servirán como criterio de desempate.

Reclamaciones

Las reclamaciones sobre el debate deberán realizarse en los quince minutos posteriores a la finalización del mismo al comité de organización.

Aceptación

La participación en el torneo supone la aceptación y cumplimiento del presente reglamento.

BIBLIOGRAFÍA BÁSICA

Alburquerque García, Luis. *El arte de hablar en público. Seis retóricas famosas.* Madrid, Visor, 1995.

Anónimo. *Retórica a Herenio.* Madrid, Gredos, 1997.

Aristóteles. *Retórica.* Madrid, Gredos, 2005.

Arnaldo Antonio: *Arte de pensar o lógica admirable (Lógica de Port Royal).* Madrid, Alfaguara, 1987.

Arthur Schopenhauer. *Dialéctica erística.* Madrid, Trotta, 1997.

Carroll, Lewis. *El juego de la lógica.* Madrid, Alianza, 1994.

Chaim Perelman- Olbrechts-Tyteca. *La nueva retórica. Tratado de argumentación.* Madrid, Gredos, 2007.

Ciceron. *El orador.* Madrid, Alianza, 2013.

Cole, Thomas. *The origins of Rhetoric in the Ancient Greece.* Baltimore, John Hopkins U.P., 1995.

Edwards, Richard D. *Competitive Debate.* Nueva York. Penguin, 2008.

Friedrich Nietzsche. *Escritos sobre retórica.* Madrid, Trotta, 2000.

Huberto Marraud. *¿Es lógico? Evaluación de argumentos.* Madrid, Cátedra, 2013.

Huberto Marraud. *Methodus argumentandi.* Madrid, Universidad Autónoma de Madrid, 2007.

Juan Mamberti *et alii*. *Tolerancia crítica y ciudadanía activa*. Nueva York, Idebate, 2010.

Kate Shuster y John Meany . *Speak out! Debate and Public Speaking.* Nueva York, Idea, 2004.

Luis Vega Reñón y Paula Olmos Gómez (editores). *Compendio de lógica, argumentación y retórica*. Madrid, Trotta, 2016.

Manuel Bermúdez Vázquez. *Análisis del discurso mediático: un enfoque multidisciplinar.* Sevilla. Egregius, 2017.

Quintiliano. *Instituciones Oratorias.* Alicante, Universidad de Alicante, 2004.

Ricardo Acosta, Patricia Rosas y Julio César Aguilar. *Diálogo abierto. El desarrollo de habilidades para el pensamiento crítico.* México, Universidad de Guadalajara, 2018.

Ricardo García Damborenea, *Uso de razón*. Madrid, Biblioteca Nueva, 2000.

Stephen Toulmin.*Los usos de la argumentación*. Madrid, Península, 2007.

Steven Johnson. *Ganar debates (Formato BP).* Nueva York, Idebate Press, 2013.

CONCLUYÓ LA IMPRESIÓN DE ESTE LIBRO, POR ENCOMIENDA DE EDITORIAL BERENICE, EL 15 DE MARZO DE 2019. TAL DÍA DE 44 A. C., EN LOS IDUS DE MARZO, JULIO CÉSAR ES ASESINADO POR UN GRUPO DE SENADORES ROMANOS.